死んでもかわいくなりたい!

顔面課金みこぴちゃん!!

扶桑社

はじめに

はじめまして。私は、美容整形についての経験や情報をYouTubeやTikTok、X（旧Twitter）などで発信している顔面課金みこぴちゃん‼と申します。

まず、このたびは私の初めての書籍となる『死んでもかわいくなりたい！』を手に取っていただきありがとうございます。

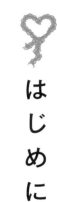

この本を手に取ってくれた方は、自分の容姿にコンプレックスを抱いていて整形に一歩踏み出そうと思っている方や、もうすでに整形を経験されている方が多いと思います。

そして、その中には容姿に対する悩みが人生の大きな部分を占めていて、楽しく日常生活が送れていない方もいるのではないでしょうか？

私も整形を始める前はそうで、顔に対するコンプレックスのせいで諦めることが多い人生でした。

しかし、整形を始めてからどんどんコンプレックスが解消されて、今ではあの頃からは考えられないような幸せな毎日を送っています。

整形は安易におすすめできるものではない、というのは経験した私が一番強く感じていますが、顔に対するコンプレックスが強い方には、整形が人生を変える一つの手段になるかもしれません。

そんな方に手を差し伸べられたらと思います。

大前提として、整形は100％成功するものではありません。失敗してしまう可能性も、もちろんあります。

ですが、知識や努力で100％に近づけることはできるんです。

この本では、ＹｏｕＴｕｂｅなどではあまり語ってこなかった私の人生から、１０００万円ほどかけて整形したことで得られた知識や経験に基づいて、整形するにあたって知っておいてほしいことをご紹介しています。

整形の成功率を１００％に近づけるためにも、この本を最大限に活用していただけたら嬉しい限りです。

もくじ

◆ STAFF
デザイン・DTP　小屋公之
構成／姫野 桂
撮影／林 紘輝（扶桑社）
本文写真提供／顔面課金みこぴちゃん!!
校正／くすのき舎
編集／福田裕介（扶桑社）

第1章

私の整形遍歴

ごく一般的な家庭で育ちました

こんにちは。ドールフェイスを目指して美容整形でフルカスタム中の「顔面課金みこぴちゃん‼」と申します。第1章では、私の生い立ちや整形を始めたきっかけ、さらには私の整形遍歴まで事細かにお話ししていきます。

整形歴約7年の私は1000万円ほどかけて整形しているので、よく実家が太いんじゃないか、などと思われがちですが、全然そんなことはありません。私は大阪府の田舎のほうで両親と弟と私の4人家族というごく一般的な家庭に生まれました。どちらかと言うとお金に困っていた家庭で、高校も大学も奨学金で行かせてもらっていました。

そんな家庭で育ったので、子どもの頃からお金が大事だと思って生きてきたせいか、お金に対しては人一倍執着心があるほうだと思います。

親子関係は今でこそ良好ですが、実家に住んでいた高校生くらいまでは思春期だったということもあり親との仲はよくなくて、家を出たくて東京の大学に進学して一人暮らしを始めました。私は一回決めたら折れない頑固な性格なので、親もそれをわかって上京を許してくれたところがあります。でも、やはり親と離れて一人暮らしを始めてみると、一緒に住んでいた頃には気づけなかった親のありがたみを実感しました。一人暮らしだと家事も全部しないといけないし、お金の使い方も工夫が必要です。

実家にいるときはしょっちゅう喧嘩や言い合いをしていたのですが、一人暮らしを始めてからは親とよい距離感を保てています。整形も理解してくれていたり、私がやりたいといったことは否定せずにやらせてくれたりする親にはとても感謝しています。

こんなにたくさん整形をしていると、育った環境が悪かったのではないか、親の愛情不足なのではないかという偏見を向けてくる人もいますが、私の場合、そこが原因なのではないと思っています。

学歴にコンプレックスを抱く人、運動能力にコンプレックスを抱く人など、みんな何かしらのコンプレックスを抱えて生きていると思います。私はたまたまそれが容姿で、そのコンプレックス克服のために整形をしたというだけの話です。

アイドルと自分の容姿にギャップを感じた

私が最初に自分の容姿が気になりだしたのは小学3年生頃です。昔からアイドルやモデルさんなどのかわいい女の子が大好きで、そんな人たちに憧れて将来はキラキラとした表舞台に立ちたい！と思ったこともありました。当時はドールフェイスになりたいといった明確な理想はなかったのですが、とにかくアイドルのようなかわいらしい顔に憧れを抱いていました。

授業の一環で将来の夢について書いて発表する機会があり、当時は身長も高く痩せていたことで「モデル」と書こうとしたこともあります。でもふと、「私レベルの容姿の子が、そんなこと書いちゃいけないんじゃないか」、そう思うと急に恥ずかしくなって、結局「モデル」という字は消してしまったのを覚えています。今思うと、そこが容姿コンプレックスの始まりでした。

当時好きだったのは、ＡＫＢ48のともちん（板野友美）で、自分もともちんのようになりたい！と真似して踊ってみたりしたこともありました。そのときは明確にどこが違うのかはわからなかったのですが、何かが違う！と自分とアイドルとの違いは何なのか考えるようになり、容姿コンプレックスはますます大きくなっていきます。当時の私とともちんの顔はパーツから骨格まですべてが違ったのですが、当時はどこが違うのかまだよくわかっていませんでした。

他にも、ファッション誌のモデルさんを見て憧れを抱いたり、高校生になってからは地下アイドルにハマったり、歳を取れば取るほど表舞台に立つ人への憧れは大きくなり、自分もアイドルになりたいと思ったりすることもありました。でも、憧れて鏡を見ては「私なんかが無理だよね……」と思い直すことを繰り返す。そんなもやもやした日々が続いていました。

今まで恥ずかしくて公表していなかったのですが、実は高校生の頃に一度だけ、自分が好きだった地下アイドルの事務所のオーディションに書類を送ったことがあります。当時の容姿はアイドルとはかけ離れていて、もちろん審査に通ることはなかったのですが、整形した今でもアイドルへの憧れの気持ちは少し残っていたりします。

二重になることに執着していた思春期

容姿への執着が大きくなってきた小学6年生の頃、友達の顔を見てなんであの子は目がぱっちりしているのに私は目が細いんだろう、ということが気になり始めました。よく見たところ、目の大きさは一重と二重で違うことにそのとき初めて気づきました。

アイドルと自分を見比べて何か違う！と思う原因は、私が一重だからじゃないのかと気づき、自分の瞼《まぶた》にコンプレックスを抱くようになりました。それで、中学校に上がって初めてメイクを始めたときにアイプチを使ってみたんです。

でも、アイプチをしたところで、もともと瞼が分厚いこともあって、アイプチで無理やり瞼をくっつけているのが一目でわかってしまうような状態で……。のりでベタベタになっている瞼はとてもみすぼらしく、アイプチをするうちに瞼の厚い・薄いでも違いが出てくることがわかりました。

小中は地元の学校に通っていて、中学校ではスクールカーストが明確にありました。私は当時メガネをかけていて内気で……。授業で発表する際にコソコソ笑われたり、通りすがりに聞こえないくらいの声で何かを言われたり。いじめというほどではなかったのですが、そういうことをしてくるのは容姿が整った女の子ばかりで、やっぱり私はかわいくないからこんな思いをするんだ、とコンプレックスに拍車がかかりました。

それで、偏差値が高めの高校に行けばスクールカーストの問題を解決できると思って、勉強を頑張り偏差値の高い高校に進学しました。そのおかげで高校ではスクールカーストはなく楽しく過ごせていたのですが、やっぱり周りと容姿を比べてしまい、コンプレックスがなくなることはなかったのです。

中学の頃に嫌なことを言われたりされたりしたことで自分の容姿が嫌になったというところももちろんありましたが、それ以上に自分自身が憧れる姿と自分の顔が大きくかけ離れていて、自分を好きになることができずに劣等感を抱いていたので、周りの環境が変わっても改善することはありませんでした。

当時はまだ整形をするという考えはなく、寝ている間に二重の癖付けができるアイプチを試してみたり、当時YouTubeで見たタコ糸の両端に輪ゴムを付けて二重のラインを癖付けするという方法を授業中にやっていました。今思うと、授業中にタコ糸で二重の癖付けをしてるなんて、おかしいですよね（笑）。でも、クラスメイトはみんな私が顔のことで悩んでいるのを知っていたということもあり、触れずにいてくれました。

アイプチをしている子は他にもいたのですが、瞼が薄い子は、アイプチを続けていたら自然と二重のラインができた……という話を聞き、私も「アイプチをしなくても二重になれたらなぁ」と漠然と思うようになっていました。私も整形に踏み出すまではアイプチを使い続けていましたが、もちろん二重になることはありませんでした。

高2で二重埋没法の手術を決断

寝ている間に使うアイプチやタコ糸での矯正など、ありとあらゆる方法を試しましたが一向に二重になる気配はありませんでした。それで、高校2年生の夏に、もうこれは整形しかないと思い、親に頼み込んで二重の埋没手術をしたんです。埋没手術とは、瞼の皮膚の内側に特殊な糸を通して固定することで二重のラインを作る施術です。今でこそ至るところに二重整形の広告を見かけますが、当時、高校生で埋没手術をする子なんて周りにはいませんでした。なので周りに相談することもできず1人でクリニックを調べたり知識をつけたりと必死でした。

よく整形に否定的な意見を持っている人が、整形する前にメイクやダイエットで努力しろ！といった発言をしているのを見かけますが、整形したいと悩む人のほとんどが最大限の努力をした結果、自分の力ではどうにもならないと思い整形に踏み出していると思います。もちろん私もそうです。整形はズルでもチートでもなく、最大限努力した人の最後の砦だと思っています。

埋没手術のカウンセリングは、未成年は親同伴じゃないといけなかったので、クリニックに母についてきてもらったのを覚えています。最初は母親も整形なんて……と反対していたものの、私の必死の説得の甲斐もあり、緊張している私よりノリノリの様子でカウンセリングを受けていて、あんなに最初は反対してたのに！となんだか拍子抜けでしたね。

初めての整形ということもあり手術は怖かったのですが、10〜15分で終わりました。施術直後に鏡を見たとき、まだ腫れていて理想の二重幅ではなかったのですが、アイプチをしていないのに二重になっている自分の姿を見て感動して涙が出そうでした。当時はこれで悩みがなくなった！って本気で思っていましたね。明日からアイプチをしなくていいんだと思うと気持ちが軽くなりました。

友達には埋没手術をしてくるということを事前に伝えていたので、夏休み明けに登校した際はみんないい感じだと褒めてくれたのを覚えています。初めてのダウンタイム（皮膚の状態が落ち着くまでの期間）は不安でしたが、しっかりキレイな二重になってくれて一安心でした。

親からの反対をなんとか説得

高校生で整形をしたいと親に言うと、当然多くの親は反対すると思います。私の親もそうで、今は私が整形していることを応援してくれていますが、当時はもちろん反対されていました。

親世代の人たちが反対するのも無理はないと思います。

今となっては整形をプラスの意味で発信するようなテレビ番組がありますが、当時のバラエティ番組やドキュメンタリー番組では、よく整形をやりすぎておかしくなってしまった人が面白おかしく取り上げられていました。

そういう影響もあって、親は「整形にハマっておかしくなっちゃうんじゃないの？」「失敗したらどうするの？」「埋没からエスカレートしていったらどうするの？」と心配しているようでした。

その中に「アイプチでいいんじゃないの？」という意見もありました。だから私は、なぜアイプチではダメなのかというところから説得を始めたんです。

アイプチでも私の瞼ではキレイに二重を作れないこと、毎日のように使っていることで瞼がかぶれてしまっていること、アイプチがうまくいかないと何度もやり直すことになりメイクに時間がかかってしまうことなど……。

そして整形に対するマイナスなイメージを変えてもらうために、実際の症例写真を見せて今の整形は技術も高く、しっかりしたクリニックを選べばリスクや失敗もほとんどないということも伝えました。

最初は口頭でこのようなことを伝えていたのですが、やりたい側の私の意見と反対側の母親の意見で対立してしまい言い合いになってしまうこともしばしば……。

それで途中からは口頭ではなくＬＩＮＥなどの文章で伝えるようにしていました。そっちのほうがお互い冷静に話すことができましたね。

ですがそれだけでは親の整形に対する賛同を得ることはできず、最終的には「この顔のまま生きていくのは無理だ」など半ばおどしのような言い方もしてしまったので今では反省しています。

今思うと強引な説得方法だったと思いますが、どんどん大きくなるコンプレックスに自分自身も追い詰められてしまっており、「どうにか説得しないと」という気持ちが全面的に出てしまい余裕がない状態でした。

それに加え、私が一度やりたいと決めたことは何がなんでも折れない性格ということを親も知っていたので、最終的には折れてカウンセリングについてきてくれることになりました。

未成年で整形を考えている人で一番大変なのが親の説得だと思います。後半の強引な説得部分に関しては最後の手段であまりおすすめはできませんが、前半部分の説得方法を参考にしてもらえたらうれしいです。

納得のいく目になれなくて二重全切開法へ

埋没手術をしてすぐは、二重を手に入れた喜びでメイクをするのも楽しく幸せな日々を過ごしていました。ですが、埋没手術を終えて半年くらい経った頃、私のもともとの瞼が重いせいで、二重のラインが狭まり奥二重のようになってしまったんです。そのとき、私の瞼は埋没法ですら理想の二重にならないんだ、とショックを受けたのを覚えています。

それで、埋没手術をした1年後の高校3年生の夏に、今度は二重の全切開手術をしたんです。全切開とは、瞼に沿って切開し、余分な脂肪や組織を取り除いて縫合する施術で、埋没と違いメスを入れるので半永久的に二重が定着するのがメリットです。瞼が厚い人は埋没だと取れやすいこともあり、全切開のほうが向いていたりもします。そして私はもともと目の開きが悪く、二重幅を広げたいなら眼瞼下垂術《がんけんかすいじゅつ》（眼瞼を挙上する筋肉を適度な位置で固定して目の開きをよくする施術）もプラスしたほうがキレイに仕上がるとカウンセリングで提案してもらい、全切開に加えて眼瞼下垂術も行ったので、40万円ほどの費用がかかりました。

最初は埋没をもう一度行おうと思っていたのですが、どうせ次も1年ほどで狭まってしまって何回もこれを繰り返すのか？と思うと嫌になってしまいました。たくさん調べた結果、私のような分厚い瞼には全切開が向いているということがわかったので全切開に切り替えたのですが、とても満足した結果になったので正しい判断だったと思います。

埋没のときは初めての整形ということもあって、怖くて狭めの二重を希望して執刀医に伝えたのですが、実際にやってみると「なんか違うかも？」と思ってしまい……。理想に近づくためにも眼瞼下垂術で目の開きをよくして、全切開で平行二重になるようにリクエストしました。そのぶんダウンタイムも長かったですが、結果的には理想の二重になることができて、今でもキレイな二重のまま定着してくれています。

脂肪吸引を経て「やっぱり骨格」と気づく

埋没手術と全切開を行ったことで念願の二重を手に入れ、これで悩みがなくなった！　ずっと憧れ続けていたテレビに映るかわいい女の子に近づけた！と思っていたのも束の間、次に大きな悩みへと発展したのは理想とかけ離れた骨格でした。

今思えばこの頃から整形の可能性に魅了され、理想もどんどん高くなっていったんだと思います

私の骨格の問題というのは、実は子どものときにアデノイド増殖症（鼻の奥に存在する「アデノイド」と呼ばれるリンパ組織が大き

くなることでさまざまな症状が生じる疾患）になってしまったのが原因でした。そのせいで口呼吸になってしまい、アデノイド顔貌という顔立ちになっていました。アデノイド顔貌の特徴は、顎の後退やガミースマイル（笑ったときに上顎の歯茎が大きく見える状態）、下顔面の面長感などで、それを治して理想の骨格に近づけるとなると大掛かりな歯列矯正や骨切りでしか太刀打ちできません。

しかし、いくら整形を経験したとはいえ、骨切りというものはリスクがあまりにも大きいということは知っていましたし、金額もそう簡単に貯められるような額ではありません。

なんとか骨切りをしなくても満足することはできないのか？と考え、大学1年生の頃に脂肪吸引を行いました。私が行ったのは頬と顎下の脂肪吸引、そしてバッカルファット除去（頬の深層にある脂肪を口内から除去すること）というものです。

当時は若かったので顔の肉感も多く、脂肪吸引を行ってスッキリした印象にはなったのですが、私の骨格は理想に近づくことはなく、結局は骨切りしかないんだとより強く思い知らされました。

それで、大学2年の夏に「輪郭3点」と呼ばれる、頬骨、エラ、顎の骨を切ったり削ったりすることで顔のバランスを整え小顔にする施術を受けました。輪郭3点とルフォーＩＳＳＲＯ（上顎骨と下顎骨を切って三次元的に動かしたり回転をかける施術）、どちらをやるか悩みましたが、ルフォーＩＳＳＲＯは整形の中でも最難関で、リスクも考えるとそう簡単に手を出すことはできませんでした。輪郭3点で満足できればそれでいいと思い、執刀医とも相談してまずは輪郭3点を受けることにしました。

人生で初めての骨切り「輪郭3点」

埋没法と全切開・眼瞼下垂術、脂肪吸引を経験しているとはいえ、人生初の骨切りに対する術前の恐怖と術後のダウンタイムによる不快感は段違いでした。

手術直前は全身麻酔が初めてということもあり、本当に生きて帰ってこられるのかと不安になり、寝られない日々が続いたのを覚えています。

そして無事手術を終えてもその後待っているのはダウンタイムの不快感です。輪郭３点でのダウンタイムの不快感というのは、痺れや腫れから始まり、口が開かないため固形物を食べられないことや、顔が大きく腫れているので寝ているときに息ができなくなってしまい、まとまった睡眠を取ることができず寝不足が続くというものでした。数時間おきに目覚めてしまうのもしんどかったです。

あとはお風呂に入るのも歯磨きをするのも一苦労で、日常生活をまともに送ることができない日々が1か月ほど続くというのも骨切り特有のつらさでした。

のちに紹介するルフォーⅠSSROではその何倍ものつらさを経験したので、今では輪郭3点のダウンタイムなんてたいしたことなかったと思うほどですが、当時は感じたことのない苦痛や不快感で、一日でも早く回復して元の生活に戻りたいと切実に思っていました。

そして3か月ほどで無事ダウンタイムも落ち着き、結果として輪郭3点を行ったことで大きく顔の印象が変わりました。一番大きく変わったのは、顎を前に出したことでアデノイド顔貌特有の顎の後退感がなくなったことです。それまでは口元が突出している状態だったのが、口元が引っ込んで顎が前に出て、キレイな横顔を手に入れることができました。

しかし、輪郭3点のみではガミースマイルや下顔面の面長感など、骨格のすべての悩みをなくすことはできませんでした。どうしても自分の中で理想とする童顔の骨格になりたかった私は、さらなる理想を目指して、よりリスクのあるルフォーSSROを行うことを決意します。

ルフォーSSROの壮絶なダウンタイム

輪郭3点だけでは満足できなかった私は大学3年生（20歳）の夏に、一大決心の末ルフォーSSROの施術を受けました。

ルフォーSSROという施術は、上顎と下顎を切ったり移動させたり回転させたりすることで出っ歯、受け口、開咬《かいこう》（奥歯を噛んだときに上下の前歯が噛み合わないこと）、ガミースマイルなどの骨格の問題を改善してくれる施術です。さらに中顔面短縮効果もあるので、童顔を目指していた私にはぴったりの施術でした。

費用はクリニックによって差がありますが、自由診療の場合、大体相場は３００万円から５００万円ほどです。私はモニター制度を使用したり、歯並びに問題がなかったので矯正の必要がなく、少しお安く行うことができました。

ルフォーＳＳＲＯは美容整形の中で最難関ということもあり、施術直後は今まで生きてきた24年間の中で精神的にも肉体的にも一番つらかったです。手術時間は9時間と大掛かりで、術後は全身麻酔の副作用で吐き気と悪寒と震えが止まらない状態。

よくＴｉｋＴｏｋなどで「ルフォーはどういうふうにつらかったのか？」という質問をいただくのですが、そのとき私はいつも「３日間溺れ続けている感覚」と答えています。顔の中心が大きく腫れるので鼻で息をすることができず、口には噛み合わせがずれないように大きなマウスピースをはめているので塞がれてしまっています。

そのため私がお世話になったクリニックでは気管切開を行うのですが、気管切開なんて私は人生でこのときが初めてで、口と鼻では息ができていないのになぜか生きているという状況にパニックになりました。そのときの感覚は、まるで溺れ続けていると錯覚するくらい苦しいのに意識ははっきりしているというものでした。

そのつらさは気管切開のチューブが外れて退院する術後3日目まで続くのですが、もちろんそこからもつらさの連続でした。食事はできないので1か月ほど流動食で栄養をとる日々。息をするのも一苦労で、特に寝ているときは途中で息ができず目覚めてしまうせいでまとまった睡眠が取れず寝不足が続きました。

こんな感じで骨切り特有の不快感が1か月ほどあり、その内容は輪郭3点と同じなのですが、つらさのレベルが桁違いでしたね。

腫れに関しては、ぱっと見て腫れがわからなくなるのに半年、完全に引くのに1年、拘縮《こうしゅく》がなくなるまでは2年ほどかかりました。長いダウンタイムのせいでダウンタイム鬱（術後のダウンタイム中に本当によくなるのか、失敗したのではと心が不安定になること）もひどく、不安な日々が続きましたが、そんな私の不安をよそに顔はみるみるうちに回復していきました。整形するたび人間の回復力のすごさを思い知らされます。

遠回りはしましたが、ルフォーSSROを行ったことで容姿に対するコンプレックスも大きく解消されたので、今となってはあのとき勇気を出してルフォーSSROを行ってよかったと思っていて、当時の私を褒めてあげたいくらい。これまでさまざまな整形をしてきましたが、一番やってよかった施術だったと思います。

ルフォーSSRO後のカスタム事情

私の人生最大級の整形、ルフォーSSROが終わってからのカスタム事情についてもご紹介していきたいと思います。

まずルフォーの約半年後に行ったのが「小鼻縮小」と「鼻尖《びせん》縮小」です。ルフォーは上顎を大きく変形させるので、鼻も影響を受けてしまい大きく広がったりしてしまいます。私も例にもれず鼻が大きく広がってしまったので、元に戻すために行いました。

せっかくルフォーで童顔に近づけたのに鼻が大きく広がり精神的にも落ち込んでいたので、小鼻縮小と鼻尖縮小を行ってより理想に近づくことができました。

そして、その後は「目尻靭帯《じんたい》移動術」と「下眼瞼《かがんけん》脱脂」です。目尻靭帯移動術は、目尻の靭帯を上下に動かして固定することでタレ目にしたりツリ目にしたりすることができます。私は自分の吊り上がった目がコンプレックスだったので、目尻靭帯移動術でタレ目にしてもらいました。目尻の位置からタレ目にすることで優しい印象になり、私が理想としているかわいらしいお顔に近づきました。

下眼瞼脱脂とは目の下の脂肪取りのことで、笑ったときに脂肪がぷっくり出てしまうのが嫌だったので微調整として行いました。大きな変化があったわけではないのですが、笑顔もよりかわいくなったのでやってよかったです。

そして一番最近行ったのは「グラマラスライン形成」と「逆さま

つ毛の修正術」です。グラマラスライン形成は、下瞼の目尻を下に下げて白目を拡大することで、目が大きくタレ目になるという施術です。このおかげで、よりドールのようなぱっちりとした目に近づけたので大満足の結果でした。

逆さまつ毛の修正術に関しては、もともと逆さまつ毛だったのですが、グラマラスライン形成をしたことで悪化してしまったのでその後2回行いました。逆さまつ毛が解消されて目にまつ毛が入らないという素晴らしさを実感しています。

こんな感じでルフォー後は骨格ではなくパーツの整形に力を入れていました。もちろんこれからもまだまだカスタム予定なので、どのように変化していくのか楽しみに見守っていていただけるとうれしいです。

整形費用を稼ぐにあたって

ここまで私の生い立ちや整形の遍歴をお話ししてきましたが、みなさん疑問に思うのが一体どうやって整形費用を貯めたのか？ということだと思います。

私の場合高校がバイト禁止だったので大学受験が終わるまでは、お小遣いやお年玉を貯めたり、足りないぶんはのちに返すことを約束して親から少しお金を貸してもらったりして整形させてもらっていました。

そしてやっとバイトができるようになってからは2つほどのバイ

トを掛け持ちし、週6で働くようにしていました。普通の飲食店からガールズバーのような夜職まで経験したことがあります。夜職は人と話すのが苦手な私には向いていなかったので、1年ほどでやめてしまいましたが……。

当時は大学生でもちろん朝から夕方までは学校があったので、バイトをしていたのは大体夜の20時以降から朝の5時くらいまでです。そして朝は9時頃から学校だったので、毎日の睡眠時間は3時間ほどで、授業が入っていない時間は寝るために家に帰ったりとなんとか睡眠時間を確保していました。そこに大学の制作課題などが重なっていたので、今考えても狂ったように忙しかったですね……。

当時は休むということが怖かったほど、整形のためにお金を貯めることに必死だったんです。このような働き方をしているとたまに

「私はなんでこんな思いまでして働いてるんだろう？」と考えて涙が止まらなくなる日もありました。ですが、どれだけ考えても自分のコンプレックスが解消されることはないんだから、と立ち止まらないようにしていました。

このように体力と精神をすり減らしながら働いていた私ですが、ルフォーＳＳＲＯを終えてから自分の顔に対して抱く焦りも少なくなり、働く量も減らせるようになってきました。そして今はそんな働き方からは卒業し、就職してデザイン系の仕事をしています。昔ほど追い詰められていないので、このお仕事と空いた時間でＹｏｕＴｕｂｅやＴｉｋＴｏｋなどの活動に力を入れられるようになりました。

大きな整形を検討している場合は他の人の何倍も働かなくてはいけないという覚悟が必要です。

働くよりも極度な節約で貯金

このように死に物狂いで働いていた私ですが、それ以上に頑張っていたのが節約です。貯金するために働いてお金を増やすというのはもちろんなのですが、節約で出ていくお金を少なくするということがより大事になってきます。

体力を削って働いていても、趣味などに使う支出が多いといつまで経っても大きな金額はたまりませんよね。まず私が力を入れて節約していたのは食費です。みなさん1日にいくら食事にお金をかけていますか？　私は当時1日に食費として使えるお金は300円まで決めていました。

ありがたいことに親が仕送りとしてお米を送ってくれていたので、その300円は4食入りの具材なんて入っていないようなレトルトカレーや、100円のチルドハンバーグなどを買ってなんとかやりくりしていました。野菜なんて到底買えず、このような栄養バランスが偏った食事を続けていたので、体調を崩しやすかったり食べる量は少なかったのに太ってしまったりしていました。

他にも日常生活での節約は、家賃6万円というお安めのアパートに住んでいたり、光熱費を節約するために夏でもクーラーをつけず扇風機のみで耐え忍んでいたり……。冬は電気毛布でやり過ごし、水道代も節約のためにお風呂はシャワーだけにしたり、小さなところですがチリツモだと思って頑張っていました。さらに、友達と遊ぶと楽しくなって使うお金も増えてしまうと思ったので、地元の大阪から友達が東京にきてくれたり大阪に帰るとき以外は、友達と遊ぶことを避けていました。上京したてということもあり友達もあまりいなかったのでそこは幸いでしたが、今思うと大学生のうちにもっと遊んでおけばよかったなと少し後悔しています。

このような行き過ぎた節約をしていた私ですが、一番つらかったのは整形以外の美容やファッションにお金を使えないということです。美容室に行く頻度を減らすために本当は染めたいのに黒髪を維持していたり、ネイルやマツエク、コスメなども「かわいくない今の私がしたって無駄だ」と自分に言い聞かせて我慢していました。

もちろんお洋服も、安い通販サイトでシーズンごとにまとめ買いしたりしていましたね。

たまにコスメやお洋服を買ってしまうこともありましたが、自分の顔にコンプレックスを抱いていた状態で身につけても「なんでこれ買ったんだろう」「全然似合わないな」と悲しくなり買ったことを後悔していました。今では少しお金に余裕ができたので、髪を念願の派手髪にしたり、好きなブランドでお洋服を買えるようになったりしましたが、昔のように後悔することはなく素直な気持ちで楽しめています。少しでも早く整形してコンプレックスが解消できるようにと頑張ってくれた昔の自分に感謝ですね。

節約は己の欲との戦いです。みなさんも、整形前の貯金や節約がつらいときは、「かわいくなったらどんなことをしよう」と整形後にしたいことを思い描いて乗り切ってくださいね。

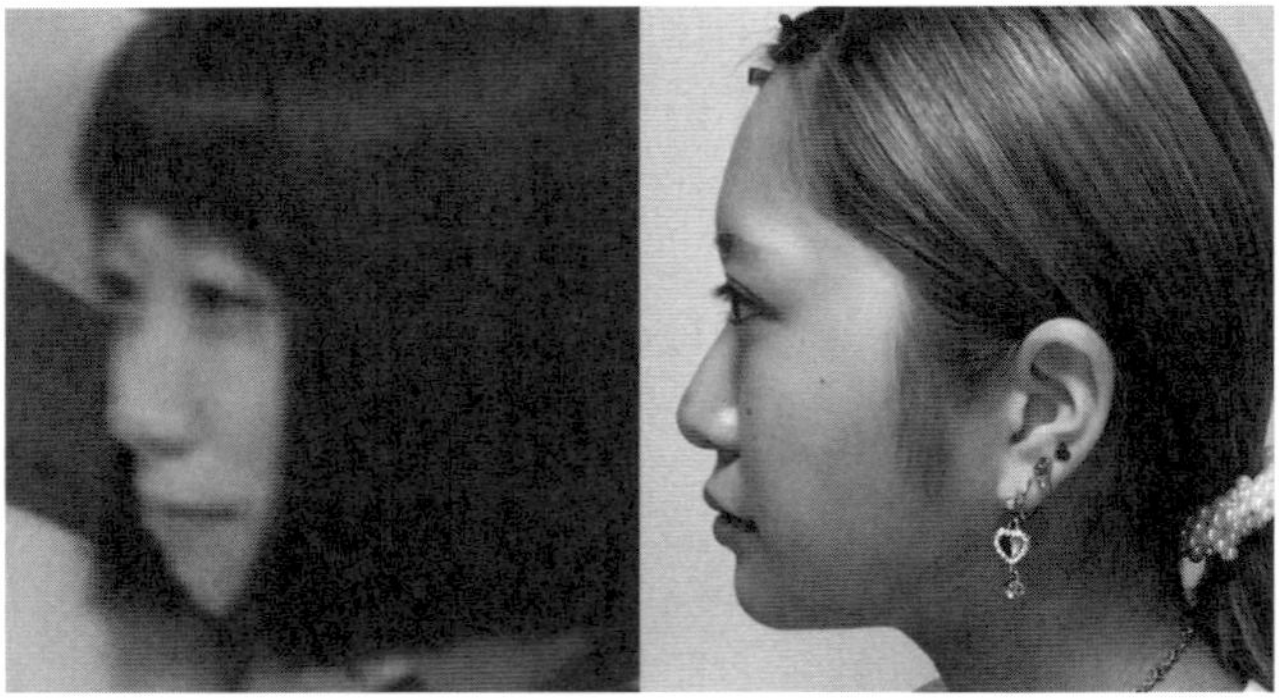

(左)輪郭3点前の横顔　(右)輪郭3点後の横顔

第2章

整形がもたらした幸せ

ファッションやメイクを楽しめるようになった

整形して一番よかったことは、自分の好きなファッションやメイクを後ろめたい気持ちを感じずに楽しめるようになったことです。

私は昔からロリータファッションなどの原宿系のファッションが大好きで、整形する前もかわいいお洋服を着るのが大好きでした。

しかし、当時の私は顔にたくさんのコンプレックスを抱えていて、お世辞にもフリフリのかわいらしいお洋服が似合うような顔ではありませんでした。

せっかく自分の好きなお洋服を身に纏《まと》っているのに、鏡に映る自分の姿を見てそのチグハグ加減に悲しい気持ちになり、顔に対するコンプレックスのせいで好きなファッションすら純粋に楽しめない自分のことが嫌でたまらなかったです。自分の大好きなかわいいお洋服に袖を通すたび、コンプレックスは加速していきました。

でも今は、整形のおかげで顔に対するコンプレックスも薄れ、自分の好きなファッションやメイクを昔より前向きに楽しめるようになりました。

整形のおかげで好きなお洋服が似合うようになり、胸を張って街中を歩けるようになったのが今は幸せでたまりません。

またメイクに関しては、二重の埋没を行うまではアイプチをしないと外に出られなかったし、アイプチに失敗するとメイクに1〜2時間はかかっていました。夜な夜な泣きながらメイクの研究をしていたこともあります。

整形前は目を大きく見せるために、今では考えられない長さのアイラインを引いていたり、厚ぼったい瞼のせいでアイシャドウが似合わなかったりと、好きなメイクさえも自由に楽しむことができない自分の顔に嫌気がさしていました。

でも、今ではいろんなメイクに挑戦することができるようになり、コンプレックスを隠すためのメイクではなく、自分の好きな部分を活かしたメイクを楽しめるようになりました。さらに、整形のおかげでナチュラルなメイクやすっぴんで外に出ることにも抵抗がなくなり、メイクにかける時間が減ったことで、時間を有効に使えるようにもなりました。

人と比べることが少なくなった

整形前は、自分の顔には釣り合わないかわいらしいファッションを好んでいたということもあり、外に出ると街ゆく人たちが私の顔を見て笑っているんじゃないかと感じることもありました。実際はそんなことはなくて気のせいだったのだと思いますが、当時はそんなふうに考えて外に出ることすら億劫《おっくう》になってしまい、引きこもりがちになってしまっていました。整形前は誰かに容姿を見られるということが苦痛だったんです。

他にも、好きなお洋服を着て気合の入ったメイクをしていざ外に出てみても、街中を歩くかわいい女の子を見て「私もあの子みたいにかわいかったら」と悲しい気持ちになってしまうことが多々ありました。

整形した今でもたまに、もっとかわいければ……と思ってしまうことはありますが、回数や頻度は整形前に比べて断然少なくなったので、おしゃれをして出かけるということを素直に楽しめるようになりましたね。

それに、整形前は自分のことを好きになれなかったのですが、整形をしたことで外見だけでなく内面も変わって自分を愛せるようになりました。整形はコンプレックスを解消するだけでなく、自己愛までも与えてくれるものだと思っています。

褒め言葉を素直に受け取れるようになった

整形する前は、顔に対する褒め言葉をもらっても「どうせお世辞だろう……」と思いこみ、顔以外を褒められると「顔に対して褒めることができないから、無理やり他の場所を褒めているんだ……」と、素直に受け取ることができずひねくれた受け取り方をしてしまっていました。

今考えるとすごく失礼な受け取り方だと思いますが、当時は本気でそう思っていたんです。

でも、整形して自分の理想に近づけた今では、どんな褒め言葉も素直な気持ちで受け取れるようになりました。

整形でコンプレックスが解消され、自分で自分のことをかわいいと思える瞬間が増えたことや、そのおかげで考え方も変わりポジティブになったからだと思います。褒められたらプラスに捉えられるようになったんです。

あんなひねくれた受け取り方をしていたときより何倍も気持ちがいいですし、何より褒めてくれた相手も素直に「ありがとう！」と言われたほうが嬉しいですよね。お互い気持ちのいい関係を築けるので、人間関係も今までよりスムーズにいくようになりました。

容姿で悩んだことのない人にとっては些細なことかもしれませんが、私にとっては整形してよかったことの一つで、とても大きな変化なんです。

顔を理由に諦めることがなくなった

先ほどもお話ししたように、当時の私は表舞台に立つ仕事に憧れていたのですが、顔が理由で諦めることが大半でした。「かわいくない私が目指しても意味がない」とか、「こんな私が目指すなんて恥ずかしい」など、理由をつけて挑戦することすら諦めていました。ファッションだって顔が理由で楽しめていませんでした。何に対しても全力で楽しめていなかったんです。

何というか、生きてはいるけど、生きている心地がしない感覚がずっとありました。

今思うと、うまくいかなかったときに「顔が伴っていない」ということを思い知らされる気がして怖かったんだと思います。

ですが、整形を始めて3年ほどが経った頃、ふと今ならできるかもしれないと思ってYouTubeに挑戦しました。

今見返すと、まだまだ理想とはほど遠い頃の私で恥ずかしいですが、顔を理由に諦めることをやめた最初のきっかけでした。それからTikTokやnoteでの発信も始めたりして、そのおかげでインタビューのお話をいただいたり、こうして本を出版することになったりと、少しずつですが前に進んでいる気がします。

あの頃思い描いていた憧れの自分とは違う形ですが、今は自分のできる範囲内で夢を叶《かな》えることができているんじゃないかな、と思っています。

自分の意見を素直に言えるようになった

ＹｏｕＴｕｂｅやＴｉｋＴｏｋで自分の意見を発信している私ですが、実は昔は自分の意見を言うということが苦手でした。

先ほどもお話しした褒め言葉と同様、「こんな私の意見が聞き入れられるわけがない」とひねくれた考え方をしていたんです。

これはかわいくなったことで、というより、整形を通じて内面的に強くなったことで解決したんじゃないかと考えています。

さらにＹｏｕＴｕｂｅやＴｉｋＴｏｋで発信するようになってから、ありがたいことにたくさんの方からお礼のコメントをいただくようになりました。私が整形について発信することで誰かの役に立てたり、救われる人たちもいると知ったことで、意見をするということに対する抵抗感も薄れたんです。

自分の意見を言えるようになったのは整形のおかげですし、人って外見が変わると内面も変わるのだなと実感しています。何かに挑戦するとき見た目から入る人がいるように、私も見た目を変えてチャレンジできるようになったことがたくさんあります。

こんなふうに、整形は外見だけじゃなく、内面もいい方向に変えてくれるので生きやすくなりました。

どんなことでも耐えられるようになった

これは整形のおかげで、というよりルフォーSSROのおかげでといったほうが正しいかもしれませんが、どんなことでも耐えられるようになりました。

なぜかというと、ルフォーSSROの肉体的にも精神的にも最大級にしんどかった壮絶なダウンタイムを耐えることができて、謎の自信がついたからです。どんなことに対しても、「ルフォーに耐えられたんだからもう何も怖くない！」という感じです。ルフォーSSROのダウンタイムは生きてきた中でつらかったことナンバーワンです。息ができないことやいつも通りの日常生活を送れない肉体的なつらさだけでなく、本当に回復するのかという精神的なつらさも同時に襲いかかってきていたことがしんどかったんです。

この経験をしたことで、日常生活でどんなにつらいことがあっても「ルフォーに耐えられたんだし……」と謎の根拠から楽観的に考えられるようになり、思い詰めるということが少なくなりました。

また、ルフォーSSRO後に行った整形に対しても言える話なのですが、ダウンタイムのつらさをルフォーSSROと比較してしまうので、ダウンタイム中につらいと思うことも少なくなりました。

今のところあのつらさを超えるものには出会っていないので、しばらくはこのマインドでどんなことでも耐えていけそうです。

写真への恐怖が薄れた

コンプレックスだらけの私にとって「写真」というものは恐怖の対象でした。特に、不意に写真を取られてしまったときは、消してほしいとお願いしてしまうほどで、写真を残しておくということも嫌だったんです。

整形前は、原形がなくなるまで加工されたアプリでしか写真を撮ることができず、ふと友達になんの加工もないカメラで撮られると、現実を突きつけられてコンプレックスが加速していきました。

その写真を家に帰ってから加工アプリで何時間もかけて加工し、

その顔になるためにはどんな整形が必要かと、泣きながらネットサーフィンをする夜も少なくありませんでした。今思えば、当時は精神的にかなりやられていたんだと思います。コンプレックスだらけの自分の姿から現実逃避するように、原形がなくなるまで加工をしまくっていました。

整形をした今でも撮られた写真を見てまだまだだな……と思うことは多々ありますが、昔よりは写真に対する恐怖心は減り、思い出として写真を残せるようになりました。

加工も整形の数が増えるほど薄くなっていき、原形がなくなるような加工をすることはなくなりました。いつか、なんの加工もしなくても、満足できる写真が撮れる日が来ることを夢見て、残りの整形も頑張りたいですね。

思い切り笑えるようになった

私はルフォーをするまでは重度のガミースマイルで、歯を見せて思いきり笑うということができませんでした。できるだけ歯茎が見えないように力を入れて笑ったり、手で口元を隠して笑うことがほとんどだったんです。

ですが、ルフォーSSROを行ってガミースマイルが改善したことで、笑顔にコンプレックスを感じるようになって以来、初めて思いきり笑うことができるようになりました。歯茎が見えないように不自然に力を入れなくても、手で口元を隠さなくても思いきり笑うことができたんです。

そのときの感覚は、埋没をして初めてアイプチをしなくても二重になったときに似ていると思います。自分の中では絶対にできないと諦めていたことが、整形のおかげでできるようになって人生が180度変わる、そんな感覚です。

周りからも「ルフォーをしてから明るくなったね！」と言われることが増えました。

そのとき、整形はコンプレックスをなくすだけではなく、その人本来の笑顔までも取り戻すことができるものなんだ！と改めて整形の力を実感させられましたね。思い切り笑うことができるという幸せを噛み締めて、これからもたくさん笑って過ごしていきたいです。

早めに整形しておいてよかった

第1章でも書いた通り、私が初めて整形をしたのは高校2年生のときです。整形が一般化しつつある今でさえ、高校生で整形をするとなると驚かれると思います。私が初めて整形を行った頃は今以上に整形はマイナーで、周りで整形をしている子はほとんどいませんでした。

そんな中、誰にも相談できず自分で情報を集めて整形に踏み込むというのはすごく勇気がいりましたが、私は高校生のうちから整形を始めてよかったな、と心の底から感じています。

理由はいくつかありますが、一番大きな点は、人生を楽しめる時間が相対的に増えることです。整形する前は顔に対しての悩みが大半を占めており、先ほども話したようにファッションやメイクを素直に楽しめなかったり、恋愛に打ち込めなかったりと、私自身コンプレックスを解消した今の顔で学生生活をやり直したいなと思うこともあるくらいです。

早い時期からコンプレックスと向き合い解消することで、人生の中でコンプレックスに左右されずに楽しめる時期というのが増えると思います。

また私は、ずるずると意味のない整形を続けないためにも、自分の中で整形をこの年までには終えたいなという目標があります。

17歳から整形を始めましたが、その目標を達成できるかギリギリで最近焦りを覚えているので、もし成人してから整形を始めていたらと思うと怖いですね。きっと間に合わずに、中年になっても整形を続けることになっていたと思います。

未成年での整形についてよく相談されるのですが、高校生以上で広告などに惑わされず、しっかり知識をつけることができるのであれば私はいいんじゃないかと思います。

学生のうちは夏休みなどの長期休暇もありますし、休みの取りやすさもメリットの一つだと思います。私も学生の頃はいつも夏休みに整形をして、人目が気になるダウンタイム中は学校に行かなくて済むようにしていました。学生で整形を考えている方はぜひ、夏休みなどの長期休暇中に整形することをおすすめします。

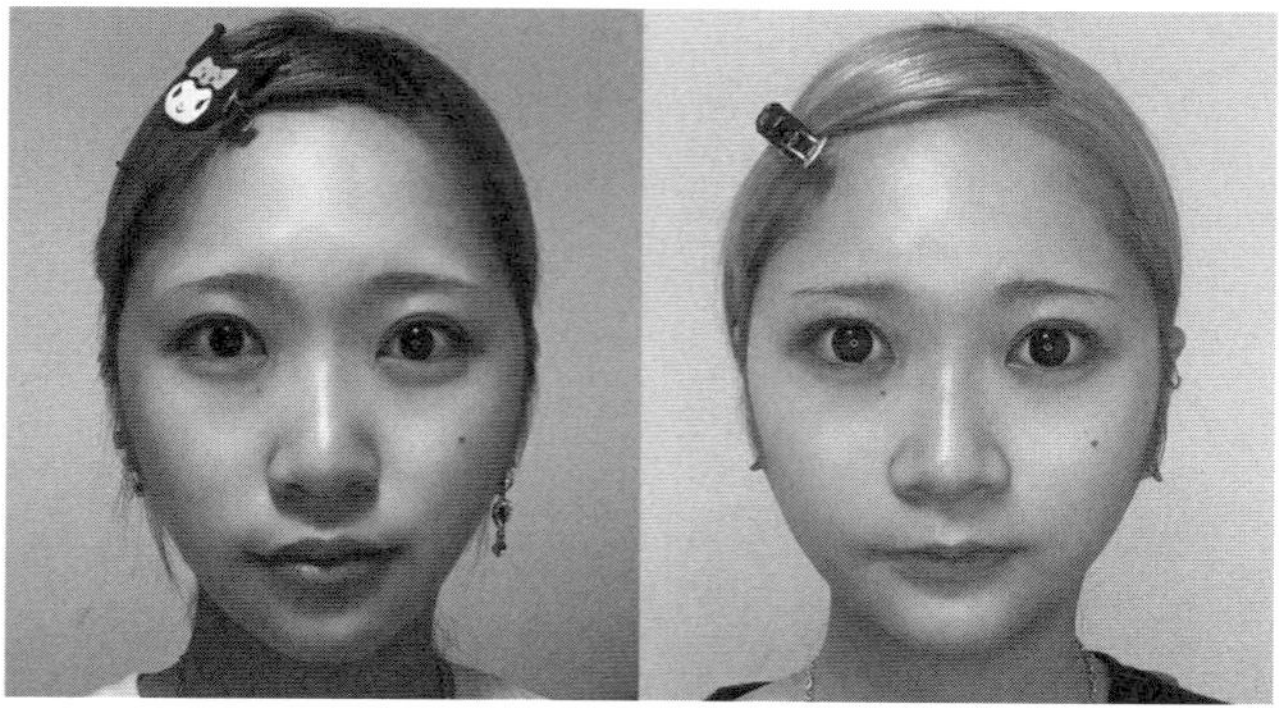

(左)ルフォー SSRO前　(右)ルフォー SSRO後

第3章

なりたい顔をデザインしよう

“整形顔”になりたい？なりたくない？

整形をする上で心配なこととして不自然な「整形顔」になってしまうんじゃないかということが挙げられると思います。

いわゆる「整形顔」の特徴としては、鼻が高すぎたり、二重幅が広すぎたり、唇がヒアルロン酸でパンパンになっていたり、皮膚がつり上げられすぎて頬が細くなりすぎてしまったり……。

神様が作れない、人間ではあり得ない人工的で整いすぎている域までいくと、「整形顔」と言われやすい顔になってしまうと私は思っています。

もちろん望んで整形顔になるのなら悪いことではありません。私自身人工的な顔が好きなので、一部そういうふうにカスタムしている部分もあります。

ただナチュラル系の顔を目指したいならやりすぎないよう気をつけておいたほうがいいでしょう。

整形はその効果の大きさから依存しやすく、ゴールとなる理想の顔を自分の中で決めておかないと、いつまで経っても満足できず整形に整形を重ね続けていくことになってしまいます。

そうなってしまうと不自然な顔になってしまう確率も上がるので、「整形顔」になりたくないのであれば、最終的にどんな顔になりたいかのゴールを決めて、自分の顔を客観的に見る必要があります。

“なりたい顔”のゴールを決めよう

整形は目指す顔の方向性によってやるべき施術や、やるべきではない施術が大きく変わってきます。

だから整形をするにあたって、自分が理想とする顔の系統を定めることがとても大事になってきます。

理想とする顔の系統を定めずに整形を進めてしまうと、どれだけ整形を重ねても納得のいく結果にならず迷走してしまうこともあるので注意が必要です。

特に骨切りなどのマイナスする整形や、全切開や小鼻縮小などの切り取ってしまう整形は元に戻すことが大変難しくなります。

今後10年先もその系統でいいのかという未来のこともしっかり考えて整形することで、のちのち後悔することも少なくなるでしょう。

顔の系統は大きく分けると童顔やドールフェイスなどの〝かわいい系〟か、強い女性を彷彿させるような〝キレイ系〟の2つに分けられると思います。

細分化するともっとたくさんの系統があるかと思いますが、たったこの2つでもやるべき施術や変化量などが大きく変わってきます。

私自身、ドールフェイスになりたいという理想の系統が定まったのは20歳をすぎたあたりでした。もともとかわいい寄りの顔が好きではあったのですが、明確には定まってなかったんです。

なので当時は、顔のお肉が気になるという安易な考えで脂肪吸引をしたことを、少し後悔していたりもします。ドールフェイスを目指すならある程度顔の脂肪はあったほうがいいですし、しなくてもよかった施術だったかもと考えることがあります。

やらなくていい施術を行わないためにも、自分のなりたい系統は定めておきましょう。やらなくてもいい施術をやってしまうとお金も無駄になってしまいます。

ちなみにドールフェイスを目指して整形している私ですが、輪郭3点の執刀医に「あなたの骨格なら、美人系を目指したほうが施術的にも費用的にも近道だよ」と言われたことがあります。

執刀医に言われる前から薄々気づいていたことではありますが、私はどうしてもドールフェイスになることを諦められず、遠回りをしてでも理想を追求することにしました。

このように私は理想を追い求め元の自分とかけ離れた系統を目指すことを決意しましたが、元の顔の系統に沿って整形していくというのも一つの方法になります。

元の顔の系統と大きくかけ離れたものを理想とすると茨《いばら》の道を進むことになるので、そこもしっかり考えて自分の理想の系統を確立していってください。

まずは「土台から整える」のが理想

みなさんが初めて整形をするとなると、まずはどこから行いますか?

コンプレックスの種類によるとは思いますが、埋没やヒアルロン酸注入などのプチ整形を挙げる人が多いかと思います。私も埋没から整形を始めるという一般的な順番で行いました。

もともとの顔が自分の理想に近く、プチ整形のみで整形を終わらせることができる方はその順番で正解です。

ただ今後骨格に対する悩みにアプローチしていきたいと考えてい

る方は、骨切りを初めに行うのがいいとされています。

骨格から整形したい人や、最初から骨切りを視野に入れている人なら、最初に骨切りをして、次に脂肪吸引、そしてたるみが気になる場合はその後リフト系の施術を行い土台を完成させてから、最後にパーツの整形に移るのが理想です。

その際に注意してほしいのが、自分が理想とする体重と大きくかけ離れてしまっている人は、ダイエットを行い理想体重に近づけてから骨切り等を検討するようにしてください。

ダイエットは整形同様、大きく見た目が変わります。痩せるだけで脂肪で埋もれていた目鼻がくっきりと浮き出てくることだってあるんです。それによってやりたいと思ってた施術をする必要がなくなることもあるので、整形を検討する前にダイエットは済ませておきましょう。

と、こんなふうに骨切りからの整形をすすめてはいるものの、初めての整形に骨切りが必要か判断するのは難しいと思います。私自身も最初から骨切りを視野に入れていたわけではありません。何しろ骨切りは全身麻酔をし、メスを入れて骨を切り、過酷なダウンタイムに耐えなくてはいけないので勇気もお金も必要です。

あくまでも理想の順番ということなので、無理に守ろうとしなくても大丈夫です。この理想の順番を頭の片隅に置いて、自分のできる範囲で参考にしてみてください。

パーツではなく全体で見てデザインしよう

整形初心者さんが陥りがちなミスとして、全体のバランスを見ずにパーツだけを見て整形してしまうということがあります。

一体それの何がいけないのかというと、例えばかわいい系の顔を目指しているのに、ぱっちりした目が好きだからとパーツだけを見て二重幅を広めに整形するとします。

そうすると目の位置が上に見えてしまい、全体で見たときに中顔面が伸びたように感じてしまいます。

そうなってしまうと、目は大きくぱっちりしたけどかわいらしい印象からは離れてしまって本末転倒です。

逆に美人系の顔を目指しているのに、目を大きくしたいからとグラマラスライン形成をしてしまうと、タレ目になることで中顔面も短く見えてしまい、美人系というよりかわいい系のお顔に近づいてしまったりもします。

このように全体を見ずに整形してしまうと、パーツとしては100点の仕上がりになったけど全体で見るとなぜか理想と離れてしまった、ということがあるのです。

人と話すとき、目や鼻などのパーツだけを見るという人はいないですよね。顔というのはパーツの形以上にバランスによってその人の顔の系統が確立されます。ですが、ただ単に鏡を見て顔全体のバランスについて考えてもコツがうまくつかめないと思います。

そんなときに役立つのが加工アプリです。私は「Meitu」というアプリを愛用していますが、自分が使いやすいアプリで大丈夫です。やり方は簡単で、無加工で撮った自分の顔を加工アプリにかけて、執刀医になった気持ちで自分の理想にカスタムしてみてください。

鼻を細くしてみたら、目をこういう角度にしてみたら……と何回もいじっているうちに、パーツを変えることで全体の印象がどう変わるかつかめてくると思います。

私はフォトショップなどの本格的なツールを使うこともありますが、そこまでのことをしなくても無料で使える加工アプリで十分です。自分の顔を研究することで潜在的な〝整形センス〟を磨くことができるので、是非試してみてほしいです。

一番目立たせたいパーツを決めよう

みなさんが自分の顔の中で重要視しているパーツはどこですか？

私は他のパーツに比べて目を重要視していて、整形回数も一番多いです。

なぜ目なのかというと、もともと目に対するコンプレックスが大きかったということと、ドールフェイスといえば大きくて垂れ下がった目が特徴的なので、目にこだわることでより理想に近づけると思ったからです。

もちろん鼻や口などの他のパーツにもこだわりたいのですが、すべてに力を注いでしまうとお金も時間も足りません。
また、目は大きくして、鼻は高くして、唇にもヒアルロン酸を入れて……とパーツすべてに100点満点の仕上がりを求めてしまうと、全体で見たときに整ってはいるものの特徴のない顔になってしまいかねません。整形をすると、みんな似たような顔になってしまい、個性がなくなると言われている原因もここにあると思っています。

なので、自分は顔の中でどのパーツを際立たせたいのか考えて、例えばそれが目であれば鼻や口などの他のパーツには完璧を求めすぎず、目立たせたいパーツを引き立てられるようなデザインを心がけましょう。

また、よくパーツ整形の順番について聞かれることがあります。

ルフォーSSROや歯列矯正の前に鼻整形はしないほうがいい(骨格が変わると鼻が変形したり見え方が変わるため)、鼻根に高さを出したい場合は目頭切開は先にしないほうがいい(鼻根に高さを出すと目頭側の皮膚が引っ張られて目頭の印象が変わるため)などの正しい順番がある施術はそれに沿って行うのがいいと思います。

しかし、目の整形と口の整形などのどちらから行っても問題がない施術は、自分が一番重要視しているパーツから完成させて、他のパーツはその後に行うのがおすすめです。

そうすることでやりすぎなどの後悔を未然に防ぐことができ、全体で見たときに特徴のない顔になってしまうことを避けられるので、一番目立たせたいパーツを決めるところから始めましょう。

一度にたくさんの施術を行わない

整形を検討している人で、いくつかの施術を一度にまとめて行おうと思っている人はいませんか？

一度にまとめていくつかの施術を行うことで、ダウンタイムを1回で済ませることができたり、術前検査や麻酔の費用も一度で済むなどのメリットもあるのですが、私は一度にたくさんの施術をまとめて行うのはおすすめしていません。

もちろん金銭面や休暇が取れるかなどの問題にもよると思うのですが、分けて行えるならそっちのほうが無駄な施術を行わずに済むと私は考えています。

私の例で言うと、目尻靭帯移動術（目尻の高さや位置を決めている靭帯を剝がし、上下の移動をさせて位置の調整を行う）と目尻切開（目尻の端を切開して目の横幅を外側に大きくする施術）を同時に行おうと思いカウンセリングに行ったのですが、その2つの施術は同時にできないということで目尻靭帯移動術だけを行うことにしました。

いざ目尻靭帯移動術が完成し全体を見てみると、目尻の位置が下がったことでバランスが取れ、目尻切開をしなくても理想に近づくことができたんです。結局目尻切開は今でも行っていません。

他にも鼻に高さが欲しいと思っていたのですが、ルフォーⅠSSROをして中顔面に立体感が出たことで鼻も高くなったように見えてする必要がなくなったりなど……。

こういうふうに整形はバランスなので、一つの施術を受けてみるともう一つの施術がいらなくなったりすることがあるんです。

また、一つずつ行ったほうが完成を想像しやすく、デザインがしやすくなることでもう一つの施術に対して「やってみたものの想像と違った！」などの後悔を避けることができるという面もあります。

無駄なリスクや無駄な施術を増やさないためにも、2つ以上の整形はまとめてしないほうがおすすめです。一つずつ慎重に行って顔のバランスを見て次の整形を考えていきましょう。

ただし鼻整形は例外です。鼻整形は回数を分けて何度も行うことで、感染のリスクが上がってしまうので気をつけましょう。

プチ整形との上手な付き合い方

こんなにたくさんの整形をしている私ですが、実はヒアルロン酸注入をしたことがありません。そう言うと驚かれることが多いのですが、やる必要がないというわけではなく、やりたい気持ちは大いにあります。

じゃあなぜ行っていないのか？というと、私はまだ大きな整形をしている最中で今ヒアルロン酸を入れても、次の施術をする際に溶かす必要があったりと少し無駄だと感じる部分があるからなんです。

例えば、涙袋にヒアルロン酸を入れていると下瞼の整形をするときには溶かさなくてはいけなかったりします。なので、ヒアルロン酸を入れたい部分の大きな整形が終わるまでは我慢しています。「大きな整形は怖いけどプチ整形なら」と最初にやる人も多いと思います。

プチ整形だけで理想に近づくという人はそれでいいのですが、いろんな整形を検討している人はしっかり完成させてからプチ整形で微調節するほうが、最終的な金額として最小限に抑えることができるのです。

ただプチ整形にはもちろんいい部分もあって、リスクが少なかったりやり直したりすることができるので、自分の顔に似合うのかわからないときにお試しとして行うのにぴったり。

私の埋没がいい例です。最初はお試しとして幅を狭くデザインしてもらったのですが、いざ完成してみるとなんだか物足りなくなったということを先ほどもお話しさせていただいたと思います。

自分の目にはもう少し幅が広い二重が似合うということが埋没を行うことでわかったから、全切開と眼瞼下垂術を行うことができ、最終的に理想の二重を作ることができたのですが、もし修正が困難な全切開から行っていたらどうなっていたんだろうと思い怖くなります。

このように、自分の顔に似合うデザインをプチ整形で試して見極めるという使い方もできるので、プチ整形を上手に利用して後悔のない仕上がりを目指してほしいと思います。

私が韓国で整形をしない理由

整形といえば韓国が有名ですよね。よく日本と韓国どっちで整形したのかという質問をいただくことがありますが、私はすべての施術を日本で行っています。私が思う日本整形と韓国整形の違いやメリットについてお話ししていきましょう。

まずメリットとして一番大きいのは金額だと思います。ウォンのレートにもよりますが、日本の相場の3分の2から半分くらいでできるところが大半です。

他にも韓国は整形大国ということもあり、日本でまだない施術が普及していたり韓国にしかない症例があったりもします。

金額というメリットだけで選ぶのは少しリスキーですが、技術や症例に魅力を感じているのであれば韓国整形を選ぶ一つの理由にしてもよさそうです。

そして、日本での整形のメリットは、当たり前ですが日本語でコミュニケーションをとることができるということです。

韓国にも日本語が通じたり通訳の方がいるクリニックはあると思いますが、細かいところまでしっかり要望を伝えたりコミュニケーションを取るとなると、うまく伝えられる自信が私にはなかったので韓国整形は断念しました。

私は整形の成功には、施術を受ける側と執刀医の認識の差異をなくすことが大事だと思っています。なので「日本語で要望を伝えることができる」という部分が日本整形の大きなメリットだと私は感じたので、すべて日本で行っています。

それに、帰国してもし不具合が起こったときは、また韓国まで行かないといけませんよね。何か心配や不具合が起きたらすぐに問い合わせてクリニックに行けるのが日本で整形を受けるメリットです。整形自体がイレギュラーなイベントですし、精神的にもつらいことが多いので、慣れ親しんだ土地で整形するほうが不安要素も少ないなと私自身は考えています。

このように日本整形・韓国整形どちらもメリットとデメリットがあります。私は日本で行うほうが自分に向いていると思いましたが、韓国で整形をされて大満足している方もたくさん見かけるので、自分がどちらに向いているのかしっかり考えてみてくださいね。

第4章

クリニック選びがすべてを決める

クリニック／執刀医選びの手順とコツ

整形を成功させる上でもっとも大事なことって何だと思います か？　自分に合った施術を見極めること？　デザイン？　もちろん それも大事ですが、それ以上に重要なのが執刀医選びです。

初めての整形で執刀医の選び方がわからない、と相談をいただく ことがあります。私のようにたくさん整形していると、何度もお世 話になる執刀医と出会えたりするのですが、そうなるまでは一から 探さなくてはいけません。

ということで、私流の執刀医選びの手順を伝授したいと思います。

まずは、自分がやりたいと思った施術の症例写真をたくさん調べるところから始めましょう。

Googleなどの検索エンジンで「○○（やりたい施術）症例」と調べて画像に切り替えると、たくさんの症例写真が出てくるので、時間をかけてすべての症例に目を通しましょう。

検索エンジン以外にも、XやInstagram、執刀医が個人で行っているブログなどにも症例写真が載っているので、そこも要チェックです。

こうやってたくさん調べると、理想の変化をしている症例がいくつか見つかると思うので、忘れないように保存しておくのも大事です。

次に、自分の理想に近い症例のクリニックや執刀医について詳しく調べましょう。

そこで調べることとしてはいくつかあるのですが、まずはそのクリニックが通える範囲内にあるかということです。

手術日以外にも検診や抜糸などでクリニックに出向かなくてはいけないことが数回あります。あまりに遠すぎると大変なので、通えない距離のクリニックはいったん候補から外しましょう。

さらに、その症例の料金を調べましょう。相場よりも金額が高すぎたり低すぎたりするクリニックは注意が必要です。

いろんなクリニックの料金表を見ていると、大体の相場がわかってくると思うので、自分が検討しているクリニック以外のサイトものぞいてみましょう。

執刀医の経歴や持っている資格について調べることも大事です。

経歴を見ていると、たまに皮膚科や泌尿器科などのメスを握らないようなところから美容外科に移っている先生もいらっしゃるので注意が必要です。私は、できるだけ形成外科出身の先生にお世話になるようにしています。

このように調べることでさらに候補が絞られてくると思います。もうこれ以上絞れない！というところでいったんストップし、候補のクリニックのカウンセリングの予約をとりましょう。

あとは、カウンセリングで実際に執刀医と話してみて、最終的に一つに絞るという流れになります。誰でもできるやり方だと思うので、ぜひ参考にしてみてくださいね。

大手クリニックのアップセルに注意

みなさんは「アップセル」ってご存知ですか？

美容整形外科におけるアップセルというのは、無駄なオプションをつけたり必要のない施術をプラスすることで、値段を吊り上げることを指します。

特にそのアップセルが多いのが大手クリニックです。

よく「埋没3万円！」などの広告を見かけるので、大手クリニック＝安いと思っている人もいると思います。

しかし、実際3万円でできることはほとんどなく、なんだかんだで30万〜50万円くらいまで吊り上げられたという話をよく耳にします。埋没の相場は大体10万〜15万円前後なので、高すぎますよね。「この糸を使うと傷痕が目立たなくなる」「ワンランク上の施術にしたほうがキレイに仕上がる」など、あの手この手で料金を吊り上げてくるのがアップセルの特徴です。

また、「今日やると何%オフですよ」というふうに、その場で契約させようとしてくることもあります。

アップセルの被害に遭いやすいのは、整形の知識が浅い人です。被害を防ぐためにも、カウンセリングに行く前に検討している施術の料金相場をしっかり調べるようにしましょう。

少しでもおかしいと思ったらその場の雰囲気に流されず、しっかり断るようにしてください。

こんなクリニックには気をつけて

これは大手クリニックにも言える話なのですが、アップセル以外にも注意するべきポイントがいくつかあります。

まずはカウンセラーがいるクリニックです。

基本的にカウンセリングというのは執刀医と直接話すのが普通なのですが、悪徳クリニックに多く見られるのは、医師免許や看護師免許を持っているわけではないカウンセラーと呼ばれる人がカウンセリングを行います。

そのような形式をとっているクリニックは、施術を行うまで執刀医に会えないというケースがほとんどです。

そんなやり方で満足のいく結果になるわけがないですよね。

他にも、施術の名前に横文字のキラキラネームをつけているクリニックは要注意です。

埋没を例に挙げると、一般的なクリニックは「埋没法何点止め」のようにシンプルでわかりやすい名前で記載されています。

しかし、悪徳クリニックによく見られるのが、うさん臭さ丸出しの横文字キラキラのネーミングです。

このようなポイントに当てはまる場合は、悪徳クリニックの可能性が高いので注意しましょう。

口コミに頼りすぎないようにしよう

クリニック選びをする段階で、ついつい調べてしまうのが口コミです。

もちろん調べるぶんにはいいのですが、悪い口コミがあるからという理由でそのクリニックを候補から外すのはおすすめしません。だいたいの口コミは匿名で、誰が書いているかわからず信頼性に欠けるものばかりです。

本当にその口コミ通りなのか、カウンセリングなどで自分の目で確かめるようにしましょう。

美容整形というのは好みやセンスが大きく関わってくるものなので、99人が成功だと思っても、失敗だと感じる1人が存在するものです。

私がお世話になった執刀医に対しても、もちろんよくない口コミを見たことがありますが、私は成功して満足しています。

ネット上の意見を鵜呑みにするのではなく、実際に自分の目でみたものを信じることが大切です。

モニター制度のメリットとデメリット

整形には、ビフォーとアフターの写真やダウンタイム中の写真を提供する代わりに、料金が割引になるモニター制度があります。

その提供した写真は、症例写真としてホームページやクリニックのSNSに載ったり、学会での発表に使われたりします。

モニター制度の割引率は大体10～20％、症例写真をより多く求めているクリニックはそれ以上だったりも……。写真を提供するだけで安くなるならお得に感じますよね。

私もモニター制度を使って施術を受けることが多いのですが、注意してほしいポイントもあるので紹介していきたいと思います。

まず、顔バレする危険性があるということです。

私のように整形していることを誰にも隠していないという方は問題ないと思いますが、誰にもバレたくないと思っている人はモニター制度は使わないほうがいいでしょう。

モニターの種類として、一般的には「全顔モニター」（モザイクなし）「全顔モニター」（施術していないパーツにモザイクあり）「部分モニター」などがあります。

モザイクが入っていたり、部分モニターならバレることはないだろうと考える方もいると思いますが、それでも友達に気づかれたことがあるという経験談を聞いたことがあります。

私も、たまにモザイクが入っているものでも「みこぴちゃんの症例写真を見つけました！」というDMをもらうことがあるので、モザイクがあってもバレてしまうことはあると思います。

誰にもバレたくないという人は、モニター制度は使わないようにするのが無難でしょう。

さらに、クリニックが遠方にある場合は注意が必要です。

施術の内容によっても変わってくるのですが、大体術後１週間、１か月、３か月、半年のように、何度かクリニックに通って写真を撮らなくてはいけません。

あまりに遠いクリニックだと、労力や交通費などもかかってくるので、通える範囲内のクリニックでのみモニター制度は使うようにしましょう。

モニター制度は整形費用を大きく節約することができるありがた

い制度ですが、自分の写真が一生ネット上に残り続けるということを念頭に置いて検討するようにしてください。

クリニックによっては独自のモニター制度を導入しているところがあるので、気になる方はカウンセリングの際に聞いてみてくださいね。

保険適用で受けられる施術もある

美容整形は自由診療のため、高額なイメージを持たれていると思いますが、実は保険適用で受けられる施術もあります。

例えば、眼瞼下垂の人は眼瞼下垂術が、逆さまつげの人は逆さまつげの修正術が保険適用で受けられたりします。

私が300万円ほどで行ったルフォーＩＳＳＲＯも、顎変形症の診断が下りれば、保険適用で行うことができたりもします。

このような感じで、病院から診断が下りれば保険適用で行うことができ、金額も大幅に下がるので、保険適用でできるならしたい！

と思う人も少なくないかと思います。

しかし、保険適用で行う施術はあくまでも機能面の改善が目的であり、二重幅は何㎜がいいとか、短縮量はこれくらいがいいといった審美面に対して要望を出すことはできません。

また、美容クリニックで行うより傷痕が残りやすかったりすることもあるそうです。

私は審美面に対して強いこだわりがあるので、一度も保険適用で施術を行ったことはありません。

ですから、機能面の改善を目的としている方は保険適用、少しでも審美面にこだわりがある方は美容クリニックで自由診療として行うのがいいと思います。

カウンセリングに行ってみよう

施術やクリニック、執刀医に関する情報を十分に調べ終わったら、次は実際にカウンセリングに行ってみましょう。

執刀医を選ぶ上で、カウンセリングは一番の判断材料です。実際に執刀医と話してみて、ちゃんと質問に答えてくれるか、親身になって対応してくれるか、高圧的な態度ではないかなど、少しでも引っかかるところがあれば、その時点で候補から外すのが得策でしょう。要は、その先生に顔や命を預けられるかということです。

ただ、カウンセリングを受ける側にも注意することはあります。

執刀医に嫌われないように振る舞う、というと言い方はおかしいかもしれませんが、きちんと挨拶をしたりハキハキしゃべるなど、第一印象をよくしておくほうがいいと思います。執刀医も人間です。誰だって、無愛想な人に丁寧に接したいとは思いませんよね。

また、ネットの情報を鵜呑みにしすぎて執刀医の意見を聞き入れない態度はNGです。気になる場合は「このような意見を目にして不安なのですが、どうなんでしょうか？」というふうに、あくまでも執刀医の意見を聞く形で質問するのがいいでしょう。

このようにカウンセリングは執刀医選びの肝になってきます。人気のあるクリニックだと、カウンセリングの予約を取るのに数か月待つこともあるので、施術を受けたい時期が決まっている人は余裕を持って予約するようにしましょう。

カウンセリングシートって必要？

みなさんは、カウンセリングに行く際に「カウンセリングシート」って持っていきますか？

カウンセリングシートというのは、自分がどのように変化したいかまとめた紙のことで、カウンセリングの際に持参します。

これは必須ではなく、持っていくかいかないかは自由なのですが、私は毎回必ず持っていくようにしています。

カウンセリングシートを持っていくメリットとしては、どのように変化したいか一目でわかるということです。

最近ではカウンセリングにお金がかかるクリニックも増えていて、クリニックによってはカウンセリングの時間が決まっていたり、時間が延びればカウンセリング料がプラスされてしまうこともあります。

時間が足りずに聞きたいことが聞けなかった……となってしまわないように、カウンセリングシートを活用しましょう。

そんなカウンセリングシートの作り方なのですが、コツがあるのでそちらもお伝えしたいと思います。

よく見かけるのが、自分の理想の顔に近い女優さんなどの写真を載せたカウンセリングシートです。

もちろんこれが悪いというわけではないのですが、自分の顔に落とし込んで仕上がりをイメージするのが難しかったりもします。

ですから、私は何の加工もしていないビフォー（今）の画像と、その画像を加工アプリで理想の姿に加工したアフター（整形後のイメージ）の画像を載せるようにしています。

そうすることで、自分も執刀医も完成をイメージしやすくなると思います。

ただ、あまりに現実からかけ離れた加工はNGです。

また、文章で説明する際はできるだけ文字数を減らし、絶対に伝えたいところだけを記載するようにしましょう。

カウンセリングシートは「簡潔に」が原則です。

限られたカウンセリング時間の中で、2枚も3枚も持っていったり、要素を詰め込みすぎてしまうと、一番伝えたい部分が伝わらないという危険性があります。

口頭で説明を追加できるので、カウンセリングシート自体は要素を抑えて簡潔に作るのを心がけるといいでしょう。

私の場合、ビフォー&アフターの写真と、どうなりたいかの説明を、Ａ４の紙１枚に収めるようにしています。

アピールが強すぎて執刀医に嫌がられない？と心配に思う人もいるかもしれませんが、私はカウンセリングシートを持っていって嫌な顔をされたことは一度もありません。

むしろ、理想や要望がはっきりわかって助かる、とプラスの印象になることのほうが多かったので、ぜひ作ってみてください。

不安や疑問は残さず聞き取ろう

カウンセリングは、執刀医の意見を直接聞いたり質問することができる場です。自分が少しでも不安に思っていることや疑問点は、カウンセリングですべて質問して解決させましょう。

また、自分の悩みを解消するにはほんとにこの施術でいいのか？ということも聞いておくといいと思います。

私は脂肪吸引を行う際にメーラーファット（ほうれい線の上にある頬の皮下脂肪）も一緒に除去するつもりでした。しかし、カウンセリングで執刀医に相談したところ、「若い頃に頬の肉を取ると、年を取ってから老けて見えるからやめたほうがいいよ」と止められたので断念しました。

今となってはあのときやらなくてよかったと思っているので、止めてくれた執刀医に感謝しています。無駄な施術を行わないためにも、執刀医の意見は聞くようにしましょう。

また、失敗したときの対応方法や修正の料金、考えられるリスクや後遺症などについてもしっかり聞いておくことが大切です。きちんと答えてくれない先生なら、やめておいたほうがいいでしょう。

このように、カウンセリングで確認することはたくさんあるのですが、先ほどもお話ししたようにクリニックによっては時間が決められているので、事前に質問内容を考えて書き出しておき、スムーズに進められるように工夫しましょう。

カウンセリング当日の契約はNG

カウンセリング当日に契約することも可能なのですが、私は必ずいったん家に帰って本当にその施術が必要か、やっても後悔しないかということを考えるようにしています。

気持ちが高ぶっていたり、精神的に病んでいたりするときにカウンセリングに行って、その場の勢いで契約してしまうと、のちのち後悔してしまうこともあります。なので、大体1か月ほど考える期間を設けるのがいいと思います。

その間にやりたいという気持ちが揺らがなければ契約してもいい

のですが、少しでも迷いがあるのならやらないほうがいいでしょう。

整形はやらずに済むならやらないほうがいいものです。

迷っているということは、「やらなくていい」という選択肢があなたの中にあるということです。ですから、「どうしてもやらないと生きていけない」という気持ちになるまでは契約するべきではないでしょう。

整形は100％成功する保証があるものではありません。

自分の理想と、リスクや後遺症を天秤にかけて、本当にその施術をしても後悔しないか時間をかけて考えるようにしてください。

最後は直感に頼ることも大切

カウンセリングは何件くらい回ればいいですか?という質問に対して、私はいつも3～5件と答えるようにしています。

しかし、実は私自身の場合でいうと、カウンセリングは何件も回らず1件に絞って行くことがほとんどです。

これは少しイレギュラーで、万人におすすめできる方法ではないのですが、理由としては直感を大事にしているからです。

カウンセリングに行く前に症例や執刀医について人一倍リサーチするのですが、そのときに「ここだ!」という直感が働くんです。

今までの人生で大事な決断をするときも直感が働くことが多く、それで後悔したことや失敗したことがないので、整形でも直感を大事にするようにしています。

もちろん、カウンセリングに行くクリニックを1件に絞ったとしても、少しでもおかしいと思うところがあれば候補から外すということに変わりはありません。

また私の性格上、優柔不断なのでたくさんの意見を聞き入れてしまうと何が正しいのかわからなくなってしまいそう、という理由もあります。

私のように直感が働くタイプの方や、優柔不断な方は、このようなカウンセリングの回り方もあるので、自分に合った方法を探してみてください。

手術前の不安との付き合い方

カウンセリングや術前検査、料金の振り込みなどすべての準備が終わって、あとは手術日まで待つのみ！という状態になると、手術に対する不安な気持ちが一気に湧いてくると思います。

私はさまざまな施術を経験したことで、昔より手術に対して不安を覚えることは少なくなりましたが、それでも、骨切りなど全身麻酔を使う施術の前はさすがに不安になってしまいます。

いろいろと嫌な想像をしてしまうと思いますが、そんなことを考えても施術の結果は変わりません。これまで、自分の顔について研究するところから始まり、お金を貯めたり知識をつけたりカウンセリングに回ったりと、最大限の努力をしたんです。手術前くらいは、少し楽観的に考えてもいいと思います。

私なりの不安の解消の仕方としては、SNSで自分が行う施術をもう終えている方の投稿を見て、「この人も生きているから大丈夫」「私もこんなふうにキレイになれる」と暗示をかけています。

そして、この施術が終わってもっとかわいくなったら、どんなお洋服を着よう？　どんなメイクをしよう？という未来のことを考えて期待に胸を膨らませ、不安感よりもワクワクの気持ちが勝るような想像をしていました。

考え方一つで不安感を軽減することができるので、あまり思い詰めず、手術日まで待つ時間も楽しんじゃいましょう。

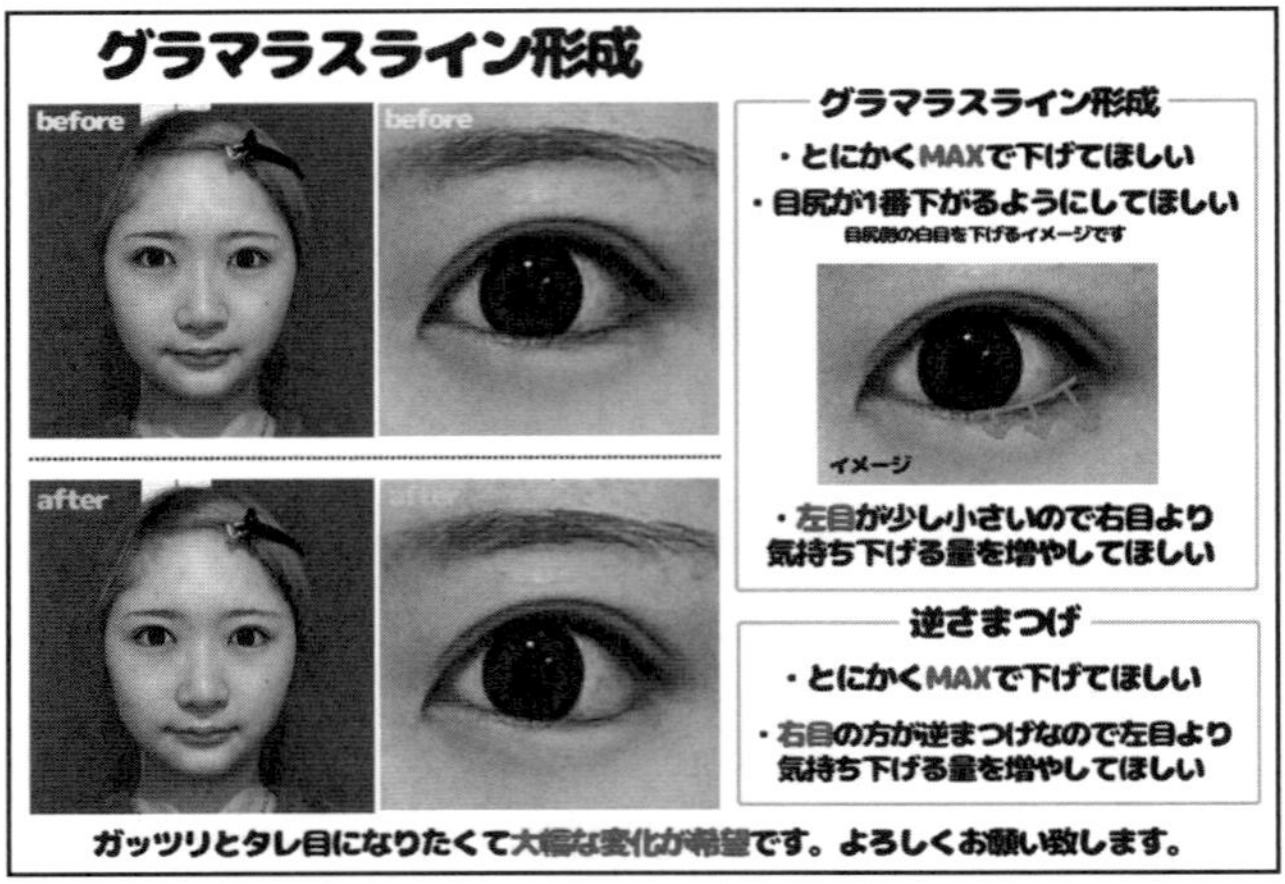

実際に制作したカウンセリングシート

第5章

整形前に知っておいてほしいこと

目の施術中は力を入れないで

この章では、私がさまざまな施術を行ったことで感じたことや豆知識についてお話しさせていただきます。整形は経験してみないとわからないことも多いので参考にしてみてくださいね。

目の整形は局所麻酔で行うことも多いのですが、瞼に注射を打つことになるのでどうしても痛みが生じてしまいます。

さらに麻酔をしていても、完全に痛みを感じなくなるというわけではありません。

そのときに気をつけてほしいのが、痛いからといって目に力を入れてぎゅっとつぶってしまわないようにするということです。

施術中、目に力を入れてしまうと、ダウンタイム中に内出血や腫れが強く出る確率が高くなってしまうので、のちのち後悔することになります。

私も二重の全切開と眼瞼下垂術を行ったときは整形に対する知識が浅かったこともあり、あまりの痛さに目に力を入れてしまっていました。

やはり術後に内出血や腫れが強く出てしまい、治るのにも時間がかかって大変だったという過去があるので、今では目の整形の際は力を入れず無心で施術中を過ごすことを心がけるようにしました。

どうしても痛いというときは、手や服を強く握ったりすることで気が紛れると思うので実践してみてくださいね。

また、局所麻酔の痛みが怖いという人は、麻酔前に保冷剤で冷やすことで痛みが軽減されたりもします。

対応してくれるクリニックもあるので、不安なときは執刀医に相談してみてください。

そして、どうしても術中の痛みに耐えられないという場合は、局所麻酔が切れてきていることもあるので、執刀医に麻酔の追加をお願いしましょう。

特に追加で料金がかかることはありませんし、嫌な顔をされることもありません。

我慢しすぎずにできるだけ施術中快適に過ごせるように工夫してみてほしいと思います。

私が目頭切開をしない理由

今までたくさん整形をしている私ですが、実は一つやりたいけど諦めている施術があります。

それが目頭切開（目頭部分にある蒙古ひだを切除して目を大きく見せる整形）です。

私は蒙古ひだが張った目頭をしていて、パーツだけ見ると目頭切開が適用だと思います。

では、なぜ私が目頭切開を諦めたかというと、目頭切開をしてしまうと私の理想とする〝かわいらしい印象〟のお顔とはかけ離れてしまうからです。

蒙古ひだがない尖《とが》った目頭は、かわいいというより〝キレイ〟や〝カッコいい〟という印象を与えてしまい、私の理想とは一致しません。

また、目頭切開は目頭を内側に切るので、どうしても目の距離が近づいて見えてしまいます。

私の場合、もともと目の距離が近いわけでも遠いわけでもない平均的な位置関係なので、目頭切開をすると目がより近くなってしまいバランスが悪いお顔になってしまうんです。

ただでさえ私は求心顔（パーツが内側によっている顔）に悩んでいるので、目頭切開をするとより加速してしまいます。

今回のお話は、目頭切開は後悔するからしないほうがいい！ということを言いたいのではなく、自分のなりたい顔の系統とパーツだけじゃなくて、全体で見たときのバランスを考えて、自分の顔に合わない施術には手を出さないほうがいいということを再認識してもらうために具体例を出しました。もちろん目頭切開で悩みが解決する場合もあります。目頭切開に限らず、その施術が適用なのかわからない場合は、カウンセリングで専門的な意見を聞くのも一つの手段です。

第3章でもお話ししましたが、整形で理想の完成形を目指すにあたって大事なのは全体で見たバランスです。

今一度、自分が検討している施術を行うことで、理想の完成形から遠ざかってしまわないか考えてみてください。

鼻整形で避けるべき施術

金額が高かったり感染のリスクが高かったりと、整形の中でも安易に手が出せないのが鼻整形です。

鼻は顔の中心にあることで顔全体の印象も大きく変えてしまうので、納得がいかず何度か修正を重ねる方も多く見かけます。

しかし、最近ではプチ整形が進化し、鼻整形も安易に手が出せるものになってしまいました。

ＴｉｋＴｏｋなどのＳＮＳでよく見かけるのが、ヒアルロン酸を使って鼻に高さを出す方法です。

プチ整形ということで、安価で施術時間も短いのに大きな変化をもたらしてくれるので、一見メリットばかりの施術に見えますが、私は鼻にヒアルロン酸を入れる行為は絶対におすすめしません。

なぜならメリットに対するデメリットが大きすぎるからです。

鼻先の血管は細いため、ヒアルロン酸を入れると圧迫されて血流が滞ってしまったり、誤って動脈に注入してしまうと壊死《えし》のリスクもあります。

また、眼動脈などの重要な血管がヒアルロン酸で詰まってしまうと、最悪の場合、失明してしまうということもあるんです。

もちろんこれは100％起こるというわけではないですが、ヒアルロン酸注入は一度したら定着するわけではなく、溶けてしまったらまた入れ直す必要があります。

何度も行っていると、もちろんこのようなリスクを引き当ててしまう確率も高まりますよね。

また、一昔前にオステオポール（メッシュ状の3Dボール）を鼻先に入れて高さを出すという整形も流行りましたが、こちらはヒアルロン酸以上に避けてほしい施術です。

もうすでにたくさんの注意喚起が出回っていて知っている方も多いと思いますが、オステオポールは硬い素材なので皮膚を圧迫してしまい、血流障害を起こして、こちらも最悪の場合皮膚が壊死してしまうことがあります。また、オステオポールのせいで鼻先の軟骨が押しつぶされて変形してしまったり、傷痕から飛び出してきてしまう事例も多く見かけます。

このように不具合を起こして、入れた金額より高い金額を払って抜去《ばっきょ》を余儀なくされている方も多く見かけますが、必ずしも抜去したことで元通りに戻るというわけではありません。

それくらい危険でリスクの高い施術になります。

もちろんこれだけ危険視されているので取り扱っているクリニックも少なくなりましたが、いまだにオステオポールを使った鼻整形を行っているクリニックもあります。

そのようなクリニックは要注意です。

鼻に異物を入れる際は、ヒアルロン酸やオステオポールを使うのは絶対に避けて、自家培養軟骨やプロテーゼなどを検討するようにしましょう。

脂肪吸引は安易に行わないで

顔に脂肪がつきやすい方や、特に若いことで顔に脂肪がつきやすく、悩んでいる方もたくさんいますよね。

そんな方が真っ先に考えるのが脂肪吸引だと思います。でも、脂肪吸引は安易に行わないでほしいんです。

さっきも言ったように、若いということが理由で顔に脂肪が多くついていることがあります。そのような方が脂肪吸引をすると、老けて見えたり、歳をとったときによりげっそりとした印象を与える可能性が出てくるんです。

私自身、小顔になりたいという気持ちで19歳で脂肪吸引をしました。

もちろんやって後悔はしていないし、キレイに仕上げていただきましたが、少し早まりすぎたかもと感じることがあります。

それに、当時はメーラーファットの除去も考えていました。取ったら老けて見えてしまうよと執刀医が止めてくれたおかげでやらずに済みましたが、メーラーファットはなくなってしまうことで特に老けて見えやすい箇所です。

顔の脂肪は財産で若さの象徴でもあるので、取りすぎには注意するようにしてください。

また、安易に脂肪吸引を行わないでほしいと思う理由はもう一つあって、それは死亡リスクがあるということです。血腫ができて気道が圧迫されてしまったり、基本的には起こりませんが、重要な血管を誤って損傷させてしまう可能性もなくはありません。特に顎下の脂肪吸引は注意が必要です。

もちろん骨切りも死亡リスクがあるものではありますが、そのような施術を行っているような執刀医は、知識も豊富で問題が起こった際の緊急の対応性に優れています。

ですが、脂肪吸引は骨切りと違い、比較的どのクリニックも取り扱っている施術です。まだ経験が浅い新人の先生も行うことがあるので、緊急の対応が遅れてしまうケースも考えられます。

脂肪吸引を行う際は、もちろん症例や技術も大事ですが、自分の命をしっかり預けられるような信頼できる執刀医を選ぶように心がけてください。

骨切りで使用したプレートは抜去するべき？

骨切りでは、骨と骨とを繋ぎ合わせるためにチタンプレートを使用します。

こちらは術後一定期間経ち、骨と骨がしっかりくっつくと抜去することが可能です。

ですが、体に害はないものなので抜去せずに一生残しておくこともできて、そうなると抜去するかどうか迷ってしまいますよね。

抜去するメリットとしては、レーザー治療が受けられるようになるという部分が一番大きいと思います。

金属プレートが入っていると、顔脱毛やハイフなどすべてのレーザー治療を行うことができなくなってしまうんです。

もちろん自己申告なので、プレートが入っていることを申告せずにレーザー治療を受ける方もいらっしゃいますが、やけど等のリスクがあり自己責任になってしまうので注意が必要です。

美容皮膚科などでシミ取りやニキビ痕の治療といった肌管理を行いたい方や、今後ハイフなどの超音波治療やレーザー治療を行いたいと思っている方は抜去したほうが、心おきなく行うことができるでしょう。

さらにプレート固定部分が痛んだり、ぶつけてしまうと腫れてしまうこともあるのですが、抜去することでそのようなことに悩まされることもなくなります。

逆にデメリットとしては、プレート抜去にもお金がかかってきますし、ダウンタイムやリスクもあります。

特に顔の造形が変わるわけでもないのに、安くはない金額を払ってまたダウンタイムを味わわなくてはいけません。

このメリットとデメリットを天秤にかけて、自分が抜去するべきなのか、はたまたしなくてもいいのかを考えてみてください。

また、あまりにも期間が経ちすぎるとプレートが骨に埋まってしまい、抜去が困難になるリスクもあるので、抜去を考えている方は早めに検討するのがよいでしょう。

ちなみに私は近々もう一度骨切りを行う予定があるので、その際に今まで使用したプレートをすべて抜去してもらう予定です。

骨切り後はたるみ対策が必須

骨切りは骨を小さくすることで、他のどの施術よりも小顔になったり、骨格の問題を解決することができる施術です。

しかし、骨は小さくなるのですが皮膚はそのままなので、どうしてもたるみが出てしまうというのが骨切りのデメリットなんです。

変化の度合いにもよりますが、骨切り後はたるみ対策が必須になってきます。変化量が少なかったりあまりたるみが出ていない軽度の方は、ハイフなどの超音波やインモードなどの高周波によるたるみ対策でも十分だと思います。治療にはさまざまな種類があり、効果も変わってくるので、調べて自分に合ったものを選んでくださいね。脂肪吸引を行った場合もたるみが出てしまうことがありますが、そのような方もレーザーによる治療が可能です。

そして私のように骨切りを数回行っていたり、大きな変化をした方は重度のたるみが出ているかと思います。そんな方は、切開リフトやネッククリフトと呼ばれる少し大掛かりな施術が必要になってくる場合もあります。

私はたるみのせいでフェイスラインがぼやけていたり、下を向くと顎下のたるみがひどかったりでかなり悩んでいるので、切開リフトやネッククリフトを行う予定です。

骨切りを行うと必ずたるみが出てしまうということを念頭に置いて、その後の対策方法もしっかり考えるようにしましょう。

拘縮には術後インディバを

脂肪吸引や骨切りを行うと、ダウンタイム中に拘縮と呼ばれる皮膚がでこぼこして硬くなったりつっぱったりする症状が現れます。何もしなくても自然に治っていきますが、拘縮の回復には時間がかかり、その間は顔が動かしづらかったり違和感があるので早く治したいと思う方が多いと思います。

そんなときにおすすめなのが術後インディバです。

インディバというのは、体に安全なラジオ波を使用して体内深部から加熱を行う温熱療法です。顔にも体にも当てることができるので、体の脂肪吸引を行った際にもぴったりです。

もちろん1回でも効果はありますが、定期的に行うことでより大きな効果を発揮します。

私自身、脂肪吸引や骨切りを行った際に術後インディバを受けたことは何回もあるのですが、毎回終わった後はまるで顔についていたおもりが取れたような感覚になるほどスッキリします。

拘縮を早く治したい方、脂肪吸引や骨切りのダウンタイムを短くしたい方、表情の作りづらさを改善したい方は術後インディバがおすすめです。

施術やクリニックによってインディバを受けていい期間が変わってきたりもするので、拘縮にお悩みの方は執刀医に相談してみてくださいね。

ボトックスの意外な活用方法

ボトックスとは、ボツリヌス菌の毒素（ボツリヌストキシン）から抽出した成分をもとに作られた薬剤のことで、緊張している筋肉に注入することで筋肉を和らげてさまざまな効果をもたらすプチ整形です。

手軽にアンチエイジングや小顔の効果を得られるので、やったことのある人も多いと思うのですが、実はボトックスにはそれ以外にも活用方法があるんです。

その一つが後戻り対策です。

整形は、回復の過程で施術した箇所が少し元に戻ってしまって変化が薄れてしまうことがあり、それを後戻りと呼びます。

回復して元に戻そうとする人間の力のせいで、術直後は大きく変化したのに数か月後には少し元に戻ってしまっているなんてことも多々あります。

私が過去に行った目尻靭帯移動術やグラマラスライン形成、それ以外にも目頭切開や目尻切開も後戻りが大きい施術です。鼻整形も自家培養軟骨が体内に吸収されることで後戻りが起こってしまったりもします。

もちろん後戻りが激しい施術を行う際は、後戻りしたときのことも考えて理想より大きく変化させるのですが、筋肉の動きが原因で後戻りしてしまう整形は、ボトックスを併用することで後戻りを緩和することができるんです。

目周りや口周りなどの日常生活でよく動く箇所ほど後戻りが大きいので、ボトックスを併用することで後戻りの緩和が期待できます。

そしてもう一つの意外な活用方法が、傷痕の回復を促進させるためにボトックスを打つということです。

私は小鼻縮小を検討していたときに、傷痕が目立ちやすいということをネックに感じていたので執刀医に相談したところ、オプションとしてボトックスを併用することを勧められました。

当時の私は知らなかったのですが、ボトックスは傷痕の回復にも効果があるんです。

やはり目周りや口周りなどの日常生活でよく動く箇所に傷痕があると、どうしてもキレイに回復しづらかったりするので、ボトックスで動きを抑制することで対策することができます。

そして、ボトックスには皮脂を抑制する効果もあります。傷痕に対する過剰な皮脂の分泌は、炎症や感染を起こしてしまう原因にもなるので、小鼻などの皮脂の分泌が多い場所にボトックスを打つのは効果的です。

このように他の施術の補助としてボトックスを使うことがあるので、後戻りや傷痕が残りやすい施術などを行う際は、執刀医と相談してボトックスの併用も検討してみてくださいね。

整形で使用される4種類の麻酔について

美容整形ではその施術の難易度や所要時間によって使われる麻酔が異なります。一度経験すれば慣れるのですが、初めて使用する場合は右も左もわからず不安になることもたくさんあると思います。今回は比較的スタンダードな麻酔4つについて私の経験をお話しさせていただくので、初めて使う麻酔がある場合は予備知識をつけて少しでも不安感を払拭してくださいね。

●局所麻酔

整形で使われる一番スタンダードな麻酔が局所麻酔です。埋没や二重の全切開、小鼻縮小などのパーツの施術で使われることが多く、歯科などで使用したことがある方も多いと思います。静脈麻酔や全身麻酔のように眠ってしまう麻酔に比べて、リスクが少ないのがメリットです。施術箇所に麻酔薬を注射するのでその際に痛みは生じますが、麻酔が効くと術中の痛みは大きく軽減されます。もちろん、感覚や痛みが完全にゼロになるというわけではありません。

箇所によっては麻酔が効きづらいこともあるので、耐え難い痛みが発生してしまうこともあります。ですが、料金自体も他の麻酔に比べて安価でリスクも少ないので、局所麻酔が推奨されている施術や痛みに強い方は局所麻酔で十分だと思います。

●笑気麻酔

笑気麻酔は単体で使われることは少なく、局所麻酔のオプションとして使用することが多いです。鼻や口から笑気と呼ばれるガスを吸い込むことで、どんどん頭がぼーっとし痛みや不安を感じにくくしてくれるのですが、局所麻酔のように痛みを遮断する効果はないのでリラックス目的として使われます。また、人によっては使用後に気持ち悪くなってしまう可能性があるので注意が必要です。笑気麻酔を使用したことのない人は、どのような状態になるのか想像するのが難しいと思いますが、お酒に酔うことで頭にもやがかかったようになり、思考ができなくなったり呂律《ろれつ》が回らなくなったりする感覚と似ています。

ちなみに私も使ったことがありますが、独特の匂いが苦手で、私自身痛みに弱いタイプではないので最近はオプションとして使用しないことがほとんどです。ですが、痛みに弱い方や不安でパニックになりやすい方は、オプションとしてつけることで術中の不快感を軽減させることができるので検討してみてくださいね。

●静脈麻酔

静脈麻酔は点滴で静脈内に麻酔薬を注入する方法で、脂肪吸引や大掛かりな鼻の整形などで使用します。局所麻酔との大きな違いは、眠った状態で施術が進むということです。そのため術中に痛みを感じることはなく、目が覚めるとすべての処置が終わっています。

たまに途中で目覚めてしまったらと思うとすごく怖いのですが……と質問をいただくことがありますが、私は一度も経験したことはありません。もちろん絶対にないとは言い切れませんし、局所麻酔と違って途中で呼吸が弱くなってしまう等のリスクもあります。

そのようなリスクを避けるためにも静脈麻酔を使用した施術は、

経験の豊富な執刀医にお願いするように心がけましょう。また、目覚めた直後は体温の低下や震え、気持ち悪さなどを感じることもあります。時間が経つと回復するので不安に思わず、執刀医に対処をお願いしましょう。

●全身麻酔

骨切りなどの規模が大きな施術で使われるのが全身麻酔で、麻酔界のボスのような存在です。意識をなくして眠らせる麻酔なので、気管挿管による人工呼吸器での呼吸の管理が必要になります。

このように聞くと一見リスクも高そうに思いますよね。もちろん他の施術に比べるとリスクはありますが、全身麻酔は麻酔科医の管理下で行うので、異常が起きていないかの確認はもちろんのこと、緊急時には迅速な対応が可能です。そして静脈麻酔との違いとしては、静脈麻酔は眠っている状態に近いですが、全身麻酔は仮死状態と想像してもらえるとわかりやすいと思います。また、手術時間にも左右されますが、静脈麻酔以上に目覚めた直後の体温の低下や震え、気持ち悪さなどを感じることがあります。さらに気管挿管を行っているので、喉の痛みやイガイガ感があったりもしますが、数日で回復するので心配しなくて大丈夫です。

全身麻酔を使用する施術を行う前は「死んでしまわないだろうか」と不安な気持ちでいっぱいになると思います。今までたくさんの施術をしてきた私も、さすがに全身麻酔前はよくないことを考えてしまうほどです。ですが、全身麻酔による事故はそうそう起こるものではないので、あまり思い詰めず、術後のワクワクのほうに焦点を当てて施術当日まで乗り切ってほしいと思います。

骨切り後に生じたフェイスラインのたるみ

第6章

ダウンタイムの過ごし方

ダウンタイムを軽減するコツ

無事施術を終えると一安心と思うかもしれませんが、実は施術を終えてからのダウンタイムが一番大変なんです。

行った施術や体質によっても腫れ方などに差がありますが、体調的にも精神的にもつらいのがダウンタイムです。できることなら楽に過ごしたいですよね。

そんなダウンタイムを軽減するちょっとしたコツがあるので、そちらを伝授したいと思います。

まず手術直後からできることは、患部を冷やすことです。

保冷剤でしっかり患部を冷やすことで、腫れや痛みを軽減することができます。

ただ1点注意してほしいのが、冷やす際に冷却シート（冷えピタなど）を使われる方もいると思いますが、冷却シートには体温を下げる効果はないので保冷剤を使うようにしましょう。

私のおすすめは冷やしても固まらないジェルタイプの保冷剤です。100円ショップにも売っているので、サイズ違いでいくつか持っておくのがいいと思います。

また、冷やしても痛みが改善しない場合は、痛み止めを飲んで対策しましょう。

クリニックから痛み止めをもらえると思うのですが、私は心配なので市販の痛み止めもストックしておくようにしています。

そして手術当日の夜から実践してほしいのが、枕を高くして寝るということです。

枕を高くして寝ることで頭に血液が集まりにくくなり、翌日のむくみ感を軽減することができます。

私は枕の高さをいつもの2倍にして大体30～45度くらいで寝ているのですが、好みもあると思うので自分に合った高さを探してみてください。

さらにむくみ対策という意味では散歩もおすすめです。私は体調がよいとき、30分ほどの散歩をしていました。散歩の時間は人によりますが、何時間も散歩をする人もいるようです。

もちろん体調が回復してから行ってほしいのですが、特に骨切りや脂肪吸引などの腫れやむくみが広範囲に出てしまうような施術との相性がよく、術後の気分転換にもなるのでぜひ取り入れてみてください。

他にもむくみ対策として、サプリを飲む、塩分を控えた食事をする、半身浴をする（腫れが完全に引いてから）などがあります。

ダウンタイムを軽減するのに役立つと思うので、できる範囲で実践してみてくださいね。

傷痕を残さないために

二重の全切開や人中短縮、小鼻縮小など切開系の施術は傷痕ができます。

この傷痕というのはもちろん時間が経つにつれてキレイに治っていくのですが、元通りになるという保証はなく、赤みが残ったりケロイドのようになってしまったりする可能性があります。

そのような可能性を考えた上で切開系の施術は検討してほしいのですが、行うと決めた場合は、縫合が上手な執刀医にお願いするようにしましょう。

症例写真を見ると傷痕の残り方などでその執刀医の技術などがわかったりします。

そしてダウンタイム中に気をつけてほしいこともいくつかあるのですが、まずしっかり保湿をするということです。

切開系の施術をすると大体クリニックから軟膏をもらえると思います。

クリニック側から塗り方の説明があると思いますが、めんどうくさいからと言ってサボらず指示があった頻度を守って塗るようにしましょう。

傷痕は乾燥してしまうと、治りが遅くなったりかゆみが出てしまったりするので注意が必要です。

他にも、大事なのが日光（紫外線）を避けるようにすることです。

傷痕にできた新しい皮膚は紫外線に当たると色素沈着しやすいので、外出する際は日傘を使用したり、傷痕用のテープを使って対策するようにしましょう。

そして当たり前のことですが、傷痕を触ったり痒《かゆ》いからといって掻《か》きむしったりするのはＮＧです。気になるとは思いますが、強い摩擦により傷痕が開いてしまうこともあるので、絶対に触らないでください。

このように傷痕を残さないようにするための対策方法はあるのですが、どれだけ努力しても傷痕が残ってしまうこともあります。

そういう場合は最後の手段として、レーザー治療などもありますので、いざとなったときは検討してみるのもよいでしょう。

施術後のお風呂の入り方

毎日当たり前のように入るお風呂ですが、ダウンタイム中は傷口などに気を遣わなくてはいけないのでいつも通り入ることはできません。

まず、施術によってシャワーや入浴に関する制限があるので、クリニックからの指示は守るようにしましょう。

それを守った上でのダウンタイム中のお風呂の入り方としては、髪はすべて後ろに持ってきて洗うようにしたり、シャワーをできるだけ頭に近づけて洗い流すようにして顔に水がかからないように気をつけるのが大事です。

私は使ったことがないのですが、シャワーキャップを使って髪を洗っている方も見かけます。

顔に関しては洗顔の許可が出るまでは洗わず、患部以外は洗顔シートを使い、肝心の患部は水で濡らした綿棒などで優しく拭き取るようにしていました。

特に朝は血が固まっていたりすることも多いので、時間をかけてふやかしながら拭き取ったりと、患部を清潔に保つように心がけましょう。

また、湯船に浸かりたくなるかもしれませんが、体を温めると腫れが強く出てしまうので、クリニックの許可が出るまでは我慢するようにしてくださいね。

このようにお風呂に入れそうなときはいいのですが、体調が悪いときはもちろん無理して入らなくても大丈夫です。

数日くらいお風呂に入らなくても死にはしません。

私はルフォーSSROの入院中、シャワーを使用することもできたのですがトイレに起き上がるのも一苦労というような状態だったので、結局入院中の3日間はシャワーを浴びることはありませんでした。

体調によっては数日間お風呂に入れないこともあるので、汗拭きシートや洗顔シート、ドライシャンプーなどを用意しておくと快適に過ごせると思います。

ダウンタイム中の不安との付き合い方

ダウンタイム中に鏡を見ると、そこに映るのは患部が腫れて変わり果てた自分の姿。本当にキレイに治るのか？　このままだったらどうしよう？と不安に思うことが、多々あると思います。

何度も整形をしている私ですが、今でも「これほんとに治るの？」と不安に思ってしまうことがあるほどです。

目の整形や骨切りなどは、内出血や腫れのせいで少しグロテスクな見た目になってしまうので、特に不安感が大きいと思います。

そんな不安に押しつぶされそうなときは、その施術を行った人のダウンタイム中の写真を見てみてください。

ネットで「〇〇（施術名）　ダウンタイム」と調べると軽度重度問わずさまざまな写真がヒットするので、自分と似たような腫れ方をしている人が見つかると思います。さらに、その人がどのように回復したかを見ることで、自分の回復もイメージできて少し不安が和らぐと思います。

また、私のようにダウンタイムの様子をＹｏｕＴｕｂｅなどで紹介している動画を見るのも、一つの安心材料になるでしょう。大きいものから小さいものまでいろんな整形をしてきて思ったのは、人間の回復力のすごさです。

腫れは必ず引くものなので思いつめず、毎朝鏡を見て回復の過程を楽しむくらいの気持ちでいてもいいと思います。

すぐに失敗だと思わないで

実は私は、二重の全切開と眼瞼下垂術のダウンタイム中、仕上がりに納得いかずやり直そうと検討していたことがあります。まだ定着しきっていなかったこともあり、二重幅が想像よりも広くいかにも整形したという感じの作られたような二重になってしまっていました。

今だと全切開の定着には半年から1年くらいかかるということを知っているのですが、当時は整形に対しての知識も浅くこれで完成だと勘違いしていたんです。

結局1年くらい経つと二重幅も定着し、落ち着いたことで理想の幅になりました。

他にも輪郭3点のダウンタイム中は腫れによる左右差がひどく、このまま左右差が残ってしまったらどうしようと不安に思いましたが、結局ダウンタイムが終わる頃にはどっちが大きく腫れていたほうだったか思い出せないほどキレイに回復しました。

このように、定着するまでの理想との違いや左右差に関しては、すぐに失敗だと決めつけるのではなく、ダウンタイムが終わるまで待ってみるようにしましょう。

これ以上変化があるかわからない場合は、術後の検診等で執刀医に相談してみるのもひとつの手段です。

少しでも異常や不安があればクリニックへ

大きい手術になればなるほど、施術後でも命に関わるような問題が起きることもあります。

ダウンタイムだからという理由で片付けられないような異常や違和感がある場合は、すぐクリニックに問い合わせるようにしましょう。

特に鼻の整形や骨切りの場合、膿《うみ》が出たときや急な発熱は感染の可能性が高いのですぐに執刀医に確認が必要です。

私は輪郭3点のダウンタイム中に顎をぶつけてしまったことで大

きく腫れてしまい、クリニックにメールで問い合わせたことがあります。

不具合を起こしていたらどうしよう！と不安でしたが、添付した写真を見てすぐに執刀医が診断してくれました。

結果、感染などの異常はなかったのでよかったのですが、もし何かあった場合は迅速な対応が必要になります。

他にも血が止まらない、埋没などで糸が飛び出てきた、耐え難い痛みがあるなど異常を感じたら、自分で解決しようとせず執刀医の力を借りましょう。決して、もう少し様子を見てから……と思わないでくださいね。

全切開/眼瞼下垂術から半年の定着していない二重幅

第7章

整形との上手な付き合い方

聞くべき意見と聞き流す意見

整形していることを公表すると、外野からとやかく言われることもももちろんあります。

「これ以上しなくてよいのに」や「その整形は必要ないよ」など……。

そのように言ってくるのは、大抵整形に知識がない人がほとんどだと思います。そういう人たちの意見を聞き入れて影響されてしまっても、のちのち「あのときやっておけばよかったな」と後悔するのは自分です。

うまく聞き流したりシャットダウンするようにして、自分が後悔しない選択をするようにしてください。

ただ、すべての意見をシャットダウンするのではなく、家族や親友、彼氏など自分のことをよく知っている人からの意見や、自分が信用している執刀医からの意見には、一度耳を傾けてみてください。

メンタルが落ち込んでいたりすると、周りが見えなくなってしまうことも多いので、そのような人からの意見に気付かされることもあります。

ですが、そんな身近な人の意見を聞いても自分の気持ちが少しも揺るがないのであれば、その選択で後悔することはないはずです。

自分の気持ちを信じて突き進んでみてよいと思います。

整形前の写真は残しておこう

整形を検討している方や、整形途中の方は顔にコンプレックスを抱いている人がほとんどだと思います。

そして顔にコンプレックスを抱いている人は、写真を撮られるのが苦手な人も多く、撮ってもすぐに消してしまいたくなりますよね。

私もそうだったので気持ちはすごくわかるのですが、今ではもっと昔の写真を残しておけばよかったと後悔しています。

整形をしているとたまに、「こんなに整形をして意味はあるのか」「かわいくなれているのか」といったことを考えてしまうことがあります。

そんなとき、昔の写真と今の姿を見比べることで「こんなに変われたんだから大丈夫！」と気持ちを落ち着けることができるんです。整形を重ねるとどうしても昔の顔が思い出せなくなってしまうのですが、整形前の写真を見ることで、勇気をもらったり励まされたりすることもあります。

整形前の写真を残しておくのが嫌な気持ちはわかりますが、自分のコンプレックスが少しでも解消されたときに見返せるように、普段目につかないようなところに保存しておいてほしいと思います。

整形を公表するならポップに

私は17歳で埋没をしたときから、整形しているということは一切隠さず公表しています。

当時、隠さずに公表しようと思った理由は、後ろめたいことをしているわけではないのに隠すのはおかしいと思ったからです。

整形を公表するべきかするべきでないか、これは個人の価値観によると思いますが、私は公表していいことばかりでした。

一番いいこととしては、ダウンタイムを隠す必要がなくなるということです。

整形していることを隠すとなると、ダウンタイム中に人に会うことができなかったり、何か言い訳を考えなくてはいけません。隠し事をしている罪悪感などを感じるのも嫌だったので、私は公表してよかったです。

他には整形に興味を持って話しかけてくれる人が増えたり、逆に整形に否定的な意見の人との棲み分けもできます。

世の中には整形否定派の人も一定数います。もしかしたら友達の中に整形をよいふうに思っていない人もいるかもしれません。

整形を隠したまま仲よくしていて、「整形ってないよね～」みたいな話になったら一生隠さないといけないですし、その人とそれ以上仲よくなることができなくなってしまいます。

その点、最初から公表しておけば、整形否定派の人は近づいてこないので、しっかり棲み分けができるんです。

自分も傷つかないし、相手も関わらずに済むので、お互いにとっていいのではないでしょうか。

このように公表することによるメリットはたくさんあるのですが、公表することのデメリットとして、整形していることに対して裏で何か言われたりすることもあるかもしれません。

私は、もしそのようなことを言われていてもまったく気にしませんが、どうしても耐えられないと思うのなら隠し通すのも一つの手だと思います。

では、もし公表するとしたらどういうテンション感で伝えればいいのでしょう。

私のおすすめは「とびきりポップに公表する」という方法です。

まずＮＧのパターンとしては、「実は自分の容姿で悩んでいて整形しようと思ってるんだよね……」という感じで、あたかも整形＝マイナスというふうに公表してしまうことです。

整形に詳しくない人が聞くと、整形ってやっぱりよくないものなんだという印象を抱いてしまうと思います。

また公表された側も、そのままでもかわいいよと褒めるべきなのか、それとも楽しみだねと背中を押すべきなのか、どのように反応していいのかわからなくなってしまうのであまりよい反応は得られないでしょう。

でも逆に「実は今度整形してくるんだ！　めっちゃ楽しみなんだよね！」というふうにポップに公表するとどうでしょう。

整形に詳しくない人が聞いても、マイナスイメージを持たれることはないし、相手も「頑張ってね！」や、「楽しみだね！」など反応しやすいですよね。

私はこのようにポップに公表してから、整形しているという事実に対して悪いイメージを持たれることがなくなりました。

整形は悪いことでも後ろめたいことでもありません。

もっとかわいくなれるなんて楽しみ！くらい前向きな気持ちで公表して整形のイメージをポジティブなものに変えちゃいましょう。

整形していることを誇りに思おう

整形している本人が〝整形＝悪や恥〟などマイナスなふうに捉えてしまうのはおすすめしません。

少しでもそのように考えてしまっていると、整形をして見た目はかわいくなっても、まとっているオーラはネガティブなまま。

もちろんかわいくなるために顔の造形を整えるというのは大事ですが、内側から溢れる自信などの内面的なものも重要になってくると私は考えています。

私は整形しているというのは一つのアイデンティティだと思って

いて、元からかわいくて整形する必要のない人には見出せない特別なものです。

私は美大に通っていた頃、容姿に関することや整形をコンセプトに作品作りを行っていて、整形というアイデンティティのおかげで自分しか作り出せない世界観があったんじゃないかなと思っています。

これは一つの例ですが、整形を人とは違う経験や感性の源だと考えるのも、一つのポジティブな捉え方なんじゃないかと思います。

整形はあなたが頑張って理想に近づけようと努力している証《あか》しです。そうやって整形をプラスに捉えることで、整形している自分のことを、整形する前よりももっと好きになれるんじゃないかなと思います。

自己肯定感を下げない交友関係を築こう

整形をして明るく過ごすためには、整形に対して頭ごなしに否定してくる人や、容姿に対してすぐマイナスなことを言ってくる人を周りに置かないようにしましょう。

自己肯定感を下げるようなことを言ってくる人からは、自分から離れることが大事です。

学生の頃は1人で行動するのが怖かったりで、性格が合わない子とも頑張って付き合わなきゃと思ってしまうものです。

でも、大人になればなるほど1人でも行動できるし、無理する必要もないと気づいていきます。

自分と意見が合う子や、一緒にいて心の底から楽しめる子とだけ付き合っていけば、他人から自己肯定感を下げられることはなくなっていきます。

整形を考えていたり整形をしている子はただでさえ自己肯定感が低い傾向にあるのに、周りにもそういう人がいると、いくら整形しても自己肯定感は上がりません。

自衛のためにも自己肯定感を下げてくるような人とは距離を置くようにしましょう。

整形は魔法なんかじゃない

私は埋没をするまで、整形はお金を出せば誰でも一発でかわいくなれる魔法か何かと勘違いしていました。

でも、実際に経験してみて、整形は魔法のように自分の悩みを一瞬で解決してくれるものではないと身をもって実感しました。

生まれつきの骨格や神経の位置といった運にも左右されるし、お金を貯めたり、痛みや不安に耐えたり、もちろん知識も必要です。

整形は努力なしでは成り立ちません。

ですが、理想に近づくため何度も整形を重ねていると、途中でエンジンが切れて「なんでこんなことしてるんだろう」と自分のやっていることが本当に正しいのかわからなくなってしまうことがあります。

だからこそ自分がどこを目指しているのか、そしてなんでここまで整形しようと決意したのかを忘れないでほしいんです。

たとえその原動力が私のように「好きなファッションを心おきなく楽しみたい！」というものでも「かわいくなって見返したい！」という復讐心《ふくしゅうしん》でもよいと思います。

整形は魔法なんかじゃないからこそ、自分が絶対折れない何か軸のようなものを一本立てて最後まで頑張ってほしいです。

死んでもかわいくなりたい！

17歳から整形を始めた私ですが、その頃から恐怖心なく整形ができていたわけではありません。整形を視野に入れるようになってから、失敗したらどうしよう？　思い通りにいかなかったらどうしよう？と毎日のように悪い想像をしては諦める日々が続きました。

そうするうちにコンプレックスはどんどん大きくなっていきます。

整形でしかこの悩みは解決できないのかと思い詰めていたときに、ふとこんなことを思ったんです。

「もし私が今死んだら遺影にはどんな写真が使われるんだろう

……？」

今思うとなんで急にそんなことを考えたんだろうと思いますが、当時は精神的にも不安定でこんなに悩むのならいっそ死んでしまったほうが楽なんじゃないかと考えることもありました。

そんなことを考えた結果たどり着いた答えが、「遺影が中学校の卒業写真だなんて絶対いやだ！」ということと、「このまま何もせずに死ぬくらいなら整形に挑戦してみてもいいんじゃないか？」ということでした。

このときから私の整形の目標は「かわいい顔で死ぬために」というものになりました。顔がしわくちゃになってしまうくらいまで長生きすることができればそんなことどうでもよくなっているかもしれませんが、その頃まで生きていられる保証はありません。

たとえ不慮の事故などで若くして死んでしまったとしても後悔のない生き方をしたい！　自分がかわいいと自信を持って思える顔で死にたい！と思ったのです。

死んでもかわいくなりたい！という強い気持ちが、私を整形の恐怖心や不安感を突き破ってここまで突っ走らせているのかもしれません。

そんな思いから始めた整形でしたが、今となっては整形のおかげで生きやすくなり毎日楽しく生きることができているので、勇気を出して整形に踏み出したあの頃の私には感謝しています。

この本を読んでくれている方の中にも、あの頃の私のように死んでしまいたいと思い詰めるほど容姿に対してコンプレックスを抱いている方も多いと思います。

整形はお金を貯めるところから始まり、ダウンタイムを終えて完成するまでつらいことがたくさんあります。１００％成功する保証もありません。

ですが、メイクやダイエットでどうしようもない容姿の悩みを解決して、自分の人生をよりよい方向に変えられるかもしれないのが整形なんです。

何もせずに命を投げ捨てようと思っているのなら、一度整形に賭けてみませんか？　時間はかかるかもしれませんが、今よりも明るい未来が待っているはずです。

コンプレックスを解消して、自分のことを心の底から愛せるような未来が訪れますように。

おわりに

最後までお読みいただき、ありがとうございました。いかがでしたか？　少しでもこの本から得られることがあればうれしいです。

最初、本を作りませんか？というお話をいただいたときは、詐欺なんじゃないか？と思ってしまうほどびっくりしました。

大してフォロワー数が多いわけでもない私の本なんて、誰が読んでくれるんだろう？と一度は断ろうとも思ったのですが、私自身本を読むのが昔から大好きで、いつか本を出版してみたいという夢もあったので、諦めきれず挑戦してみることにしました。

ちょっとした趣味として始めた活動だったので、まさか自分が本を出版できるなんてと今でも実感がありません。

私が整形について発信する活動を始めたのは、「表舞台に立ちたい」というちょっとした自己顕示欲からでした。もともと顔で諦めることの多い人生だったので、整形して少し自信のついた今ならできるかも、と軽い気持ちでYouTubeを始めたのが最初です。最初は見てくれる人も少なく趣味の延長線上として続けていましたが、発信し続けていると少しずつ見てくれる人も増えて、コメントもたくさんいただけるようになりました。

その中には「有益な情報を公開してくれてありがとう！」というお礼から、「みこぴちゃんのおかげで整形に踏み出せました！」というコメントまで……。ちょっとした自己顕示欲から始めた活動でしたが、今は自分の経験で誰かの背中を押したり勇気を与えたりできることを知って、より活動に力を入れるようになりました。

今ではYouTubeだけではなく、TikTokやXでも整形について発信したり、noteで私が行った施術に関して記事を書いたりと、少しずつ活動の場を広げています。私が行った施術についてより詳しく知りたいという方は、私のSNSを見てもらえると参考になるはずです。

影響力はまだまだですが、これからも初めて整形する子や整形をして不安を抱えている子の道標になれるよう活動を続けていきたいので、見守っていてくれたらうれしいです。みなさまの整形LIFEがよりよいものになるよう心から祈っています。

2024年9月吉日

顔面課金みこぴちゃん!!

カスタムドールを目指して美容整形に1000万円課金中。
ピンクでフリフリでキラキラしたかわいいものが大好き！
自分の経験を元に整形に関する情報をYouTubeやTikTokで発信しています。
容姿にコンプレックスを抱くすべての人に届きますように。
YouTubeチャンネル　www.youtube.com/@ganmenkakin-micopi-chan
X（旧Twitter）　x.com/_35_doll_
TikTok　www.tiktok.com/@_35_doll_?_t=8hBNqpTUKJN&_r=1
note　note.com/_35_doll_/
著者のLit.Linkはこちら↓

死んでもかわいくなりたい!

発行日　2024年9月27日　初版第1刷発行

著　者　顔面課金みこぴちゃん!!
発行者　秋尾弘史
発行所　株式会社 扶桑社
〒105-8070
東京都港区海岸1-2-20　汐留ビルディング
電話　03-5843-8194（編集）
03-5843-8143（メールセンター）
www.fusosha.co.jp
印刷・製本　サンケイ総合印刷株式会社

ISBN978-4-594-09903-9